■本书系江西省教育科学"十三五"规划 2019 年度重点课题（19ZD055）研究成果

学前儿童创造性思维培养价值与路径

基于STEAM课程与游戏实践

张莉琴◎著

江西人民出版社
Jiangxi People's Publishing House
全国百佳出版社

图书在版编目（CIP）数据

学前儿童创造性思维培养价值与路径：基于 STEAM 课程与游戏实践 / 张莉琴著 . -- 南昌：江西人民出版社，2022.11

ISBN 978-7-210-14288-1

Ⅰ . ①学… Ⅱ . ①张… Ⅲ . ①游戏课—学前教育—教学参考资料 Ⅳ . ① G613.7

中国版本图书馆 CIP 数据核字 (2022) 第 214566 号

XUEQIAN ERTONG CHUANGZAOXING SIWEI PEIYANG JIAZHI YU LUJING
——JIYU STEAM KECHENG YU YOUXI SHIJIAN

学前儿童创造性思维培养价值与路径
——基于 STEAM 课程与游戏实践

张莉琴◎著

策 划 编 辑：李　姗
责 任 编 辑：陈诗懿
装 帧 设 计：胡　月

 江西人民出版社 Jiangxi People's Publishing House 全国百佳出版社 出版发行

地　　　址：江西省南昌市三经路 47 号附 1 号（330006）
网　　　址：www.jxpph.com
电 子 信 箱：jxpph@tom.com　web@jxpph.com
编辑部电话：0791-86898972
发行部电话：0791-86898801
承　印　厂：江西骁翰科技有限公司
经　　　销：各地新华书店

开　　　本：720 毫米 ×1000 毫米　1/16
印　　　张：11
字　　　数：170 千字
版　　　次：2022 年 11 月第 1 版
印　　　次：2022 年 11 月第 1 次印刷
书　　　号：ISBN 978-7-210-14288-1
定　　　价：50.00 元
赣版权登字 -01-2022-561

　　创新时代的崛起，正在世界范围内悄然改变着人们的生活方式。党的十八大提出实施创新驱动发展战略，中共中央、国务院颁发的《国家创新驱动发展战略纲要》明确提出创新型国家建设的"路线图"。随着国家创新体系的不断推进，我国对人才创新能力的要求越来越高。

　　在当前和未来，发展每一个儿童的创造性思维已成为教育的核心使命之一。早在八十多年前，我国教育家陶行知就提出过"创造的儿童教育"，在他看来，创造教育的本质就是解放学生的创造力，创造教育不分时间地点，处处是创造之地，天天是创造之时，人人是创造之人。学前儿童期是创造性思维发展的关键期，若得到良好培养可为日后创造力发展夯实基础。

　　在学前阶段，关于创造性思维教育还有很多亟待解决的问题，比如如何有效地发展儿童的创造性思维能力，是否有更切实可行的融合性途径等。而在过去的三四十年中，STEM教育被提出，多国对其开展了研究与实践，并在理科教育和创新教育方面取得了突出的成绩。由于STEM教育具备跨学科整合性、开放探索性等特点，被学界作为我国教育创新和教育改革突破点之一，各个学段都在进行不同程度的改革，特别是中小学STEM教育改革取得了较显著的成果。STEAM在STEM基础上整合了艺术，因此更适合于低龄儿童的创新教育形式。学前阶段的STEAM教育更多采用综合化的形式来开展，为多元高阶能力的提升提供了可能性，尤其是创造性思维的提升。

由此，新的问题又被提出：怎样建构适宜于学前儿童创造性思维能力发展的 STEAM 教育框架，并开展相应的活动？STEAM 教育模式是否对发展学前儿童的创新性思维能力有价值？本书正是尝试回答以上问题而开展的多年研究成果。全书主要基于对创造性思维与 STEAM 教育理念的梳理与思考，从理念层面提出创造性思维提升的原则和路径，从实践层面开展了大量针对学前儿童创造性思维培养的 STEAM 教育工作，并取得了非常显著的培养效果。

在新冠疫情期间，研究遇到了诸多困难，实践中止的情况屡有发生。但作为研究者，笔者对于提升儿童创造性思维的研究热情从未减弱，并在一次又一次的实践中积累了大量经验。

在本书出版之际，首先要感谢卢筱红共同开展大量对于 STEAM 教育和创造性思维培养的研讨；感谢参与资料收集和分析的乔雪、王萌萌、李阳、陈熠达、薛鑫霞；感谢汪洁、罗茜、万淑芬大量参与实践；感谢江西师范大学附属幼儿园、南昌云溪幼儿园、南昌凤凰城上海实验幼儿园、南昌城北幼儿园、新建区东方爱幼幼儿园积极参与实践，并给予本书许多有益的建议。另外本书归纳了已有的相关研究成果，在此表示诚挚的谢意。

希望本书能够为在实践中找寻学前儿童高阶思维能力培养方式的教育工作者们一些启发和帮助。书中如有疏漏错误之处，恳请各位同行、读者不吝赐教与斧正。

理论篇

实践篇

理论篇

第一章
创造性思维的研究及理论基础

创造性思维是创造力的核心部分，而创造力影响着社会的进步和发展，电灯电话、计算机互联网、汽车飞机，无一不是创造性思维的产物。因此，了解创造力与创造性思维，将有助于人们更好地发挥创造力，开展创造性思维教育。

本章将探讨国内外创造心理学、创造教育的研究历程，为进一步讨论儿童创造教育奠定坚实的基础。

一、创造心理研究

在 20 世纪的一百年里，由于社会经济的发展、科学的进步、教育的需求以及心理科学的发展，使得儿童心理学取得了长足的进展，而作为其中重要组成部分的儿童创造心理的研究也逐步发展起来。

20 世纪人类社会经济的飞速发展迫切需要高质量的人才作为其支柱。在这百年的时间里，世界范围内出现了两次技术革命，科学技术不断发展和突破，带来了社会生产的飞跃和整个社会生活的变化。知识生产越来越成为社会生产的核心，人类开始主动地迎接新技术革命的挑战。世界各国纷纷求助于教育，因为教育是经济科学发展的源泉，同时教育对人才的培养提出了具有创新精神、创新能力的要求。在这样的时代背景之下，各国的教育家、心理学家开始探究儿童心理发展的规律，加速对儿童创造心理的研究。

　　系统研究创造心理的先驱当推英国的高尔顿。他在 1869 年出版的《遗传的天才》一书，是国际上关于创造性心理学研究最早的科学文献，它标志着采用科学方法研究创造性心理的开始。此后人们在这个领域进行了多层次、全方位的研究。高尔顿开创了自由联想实验的研究，被视为"最原始的发散思维测验"。自《遗传的天才》出版后，创造性引起了心理学界的兴趣，激发了一些有关创造性及其特征的争论和研究。许多学者在此之后陆续发表了不少有关创造性的理论文章，如贾斯特罗于 1898 年发表了《发明的心理》，瑞伯特于 1906 年发表了《论创造性想象》，德国精神病学家伦布罗卓于 1891 年出版了《天才人物》一书等。然而，在这一阶段出版或发表的有关创造性的文献，大多是从理论上进行探讨，属于思辨研究，没有进行实证研究，理论建设也较少。

　　20 世纪初期，精神分析学派对于创造人格的研究处于领先地位，他们将创造性划入"人格学"的范畴内，对创造性进行个性心理的分析和研究，从而形成了人格化的倾向。以弗洛伊德为代表的精神分析学派对人的创造力进行了个性心理的分析与研究。1908 年弗洛伊德在《诗人与白昼梦的关系》中比较了儿童游戏与白昼梦的特点，介绍了他对富有想象力的诗人、作家所做的研究。他认为富有想象的创造，正如白昼梦一样，是童年游戏的继续与替代。[①] 此后他又陆续发表了《原始词汇的对偶意义》《三个匣子的主题思想》《来自于童话的梦的素材》，1914 年发表了著名的《米开朗琪罗的摩西》，体现了其关于创造力和无意识的主要理论和观点，即创造性才能是人的潜意识本能的升华。弗洛伊德关于创造性及无意识的理论和观点将创造心理学的研究带入了新的时期。这一期间，还有阿德勒的过度补偿说。这一学说所引起的有关研究并不多，其势力相当单薄。由于精神分析学派对于创造人格研究的作用，一般心理学家都将创造心理划入人格学的范围。当时有关创造的研究，无论是临床性的、传记性的或是其他对顿悟以及认知方面的研究论文，大多刊登在心理分析学的期刊上。

①弗洛伊德.论创造力与无意识 [M].孙恺祥，译.北京：中国展望出版社,1986:49.

　　自 20 世纪 30 年代起，对创造力的研究逐渐从精神分析转向认知方面，哲学家和心理学家开始研究创造力的认知结构和思维方法。德国心理学家韦特海默 1945 年出版了《创造性思维》，深入细致地论述了创造性思维的过程。他认为思维过程既不是形式逻辑的逐步操作，也非联想主义盲目的联结，而是格式塔的"结构说"。这种格式塔结构既非来自盲目的练习，也不能归因为过去经验的重复，而是通过顿悟获得的。他的这些思想观点都非常有价值，值得我们借鉴。当然也应看到，这种观点立足于知觉研究，并且对顿悟的机制未加以重视。从历史的角度来看，用格式塔心理学的观点来解释创造性思维，可以说是将创造力的研究从以前偏重动机、人格的研究方向引向了认知方面的探索。

　　到 20 世纪 50 年代，随着人本主义心理学的兴起和发展，人类日益重视人的潜能的开发和人的充分发展，创造力的研究开始了突飞猛进的发展，取得了许多突破性的成果，并成为心理学研究的一个热点领域。1950 年，时任美国心理学会主席的吉尔福特在美国心理学年会上发表了题为"论创造力"的著名演讲，在他讲话后的 10 年中，每年有数百种与此有关的出版物问世，并在后来以几何级数增加。在这一阶段，人们开始关注与杰出创造力相对的日常创造力。创造力被认为是能够被发展和测量的心理学特质。人们开始关注与杰出创造力相对的日常创造力。由此可见，这个时期的研究对象已扩展到普通人。对此，美国心理学家马斯洛功不可没。他说，人们假设画家、诗人、作曲家或者理论家、艺术家、科学家、发明家、作家都过着创造性的生活，也就是说，创造性是某些专业人员独家的"特权"。一名家庭主妇所做的那些平凡工作没有一件是创造性的，然而她却是奇妙的厨师、母亲、妻子和主妇。她做的膳食，她在台布、餐具、玻璃器皿和家具上的情趣，全都是独到的、新颖的、精巧的、出乎意料的、富有创造力的。马斯洛认为"应该称她是有创造性的"，而且断言"第一流的汤比第二流的画更有创造性；一般说来，做饭、做父母以及主持家务，可能具有创造性，而诗也不必定具有创造性，它也可能不具有创造性"[①]。所以，他把创造性区分为"特殊天才的创造性"和"自我实现的创造性"。自我实现的

---

① 马斯洛. 人的潜能和价值 [M]. 林方，译. 北京：华夏出版社,1987:244.

本质特征是人的潜力和创造力的发挥，自我实现型的创造力与莫扎特型的具有特殊天赋的创造力是不同的，它似乎是普遍人性的一个基本特点，"所有人与生俱来都有创造的潜力，从这个意义上看，可以有富有创造力的鞋匠、木匠、职员"①。

这一时期创造心理学的研究突飞猛进，取得了许多突破性的成果，成了心理学研究的一个热门领域。1950 年吉尔福特提到，《心理学摘要》的 12.1 万个词条中，涉及创造性的仅 186 条，他提醒人们注意对创造力研究不足及其产生的严重后果，号召人们加强对创造力的研究。1957 年苏联人造卫星的成功上天，更加刺激了美国加强创造力的研究。

进入 20 世纪 70 年代以后，随着现代科学技术的发展、心理学研究水平的提高，西方创造心理学出现了多样化趋向，在一定程度上体现出多学科交叉研究、各种理论和方法取长补短的特点，尤其是 80 年代中期以来再度焕发的创造力研究热情，催生出一批综合性的创造学理论——"汇合理论"，代表性的有艾曼贝尔提出的"创造力组成成分理论"、奇凯岑特米哈伊提出的创造力"系统模型"、耶鲁大学斯滕伯格提出的创造力"三侧面模型"理论等。汇合理论实现了创造力研究从"元素论"到"结构论"的根本转变，并日益重视创造的内部动机、人格特质以及社会环境的作用。

对儿童创造心理及其发展进行理论探索、科学研究是进行创新教育的前提和基础。世界各国自 20 世纪 60 年代开始对这一课题给予了高度重视。在我国开展创造心理的研究则只有四十多年的历史，从 20 世纪 70 年代中后期才开始掀起一股浪潮。我们把国内创造心理的研究分为两个阶段：第一阶段为 20 世纪 70 年代中后期到 20 世纪末，这一阶段主要是引进国外有关儿童创造心理发展的基本理论和相关研究成果，学者们翻译介绍了吉尔福特、托兰斯、罗杰斯等人的理论，开展对儿童创造心理的理论介绍、探讨和理论研究；第二阶段为 20 世纪至今，除继续引进国外的理论和进行理论探索之外，还着重开展了一系列关于儿童创造心理及其发展的实验研究，尤其以阎立钦教授牵头的全国二十多个省市参与的综合性项目"创新教育的研究与实验"为代表，林崇德、万云英、沈德立、查子秀、胡卫平、杨

---

① 马斯洛.自我实现的人 [M].许金声，刘峰，译.北京：生活·读书·新知三联书店,1987:38-39.

耕野等人也对儿童的创造心理及其培养也进行了不少的研究试验。

二、创造教育研究

创造心理的培养一直是研究较多的一个领域，不同的研究基于创造心理本质理解不同，在培养上持有不同的观点。在西方，创造教育是伴随着创造技法的研究而开展起来的，多年以来主要是采用技能训练（创造思维及创造技法训练）的方法来开发培养儿童的创造心理。

"创造学之父"奥斯本提出了"头脑风暴法"后，由于这种激发创造力的方法能迅速见效而受到企业家的重视，因而很快得到推广。1954 年，他又创办了"创造教育基金会"，举办了一年一度的"创造性问题解决讲习班"，以大力推进创造教育。奥斯本当时的工作，为大范围进行创造力训练开了先河，也促进了创造力的专门研究和创造教育的系统展开。

而吉尔福特则主张以训练发散思维来培养人的创造心理。他在《创造性才能——它的性质、用途与培养》一书中阐述了这方面的情况，心理学家玛丽米可编制了许多旨在提高学生能力的练习，把吉尔福特的理论用于实际。

20 世纪六七十年代，迈尔斯和托伦斯、威廉姆斯等设计了创造力教学程序，为教师提供了许多可以应用于课堂上的发散思维材料，同样旨在训练个体的发散思维。

20 世纪 80 年代以后，出现了许多新的训练程序，如创造性思维的训练方案、批判性思维的训练方案、问题解决训练程序等，还有许多著名的用于激发学生创造心理的教育方案，如"智慧之旅""未来问题解决""多重天赋模式"等，在发展学生的思维技能、提高其学业成绩方面取得了一系列成就。[1]

20 世纪 90 年代以后，智力的传统观点受到了挑战，强调人类能力与天赋的多样性，这种观点也深深地影响了人类对于创造性的理解。在创造力的开发培养问题上，人类更多地考虑到了它的多侧面、多层次性，即更全

---

[1] 辛涛 . 创造力开发研究的历史演进与未来走向 [J]. 清华大学教育研究 ,2000(01):5.

面综合地来考虑创造力的开发，例如托伦斯1990年教学潜伏模型的建立便是有力的证明。

从20世纪60年代始，加拿大、德国、法国、英国、西班牙等国纷纷引进美国的创造心理学的理论和方法，推动了各国创造教育的发展。20世纪末，世界各国学者对儿童创造教育给予了更多的关注，都试图找到开发培养学生创造力的具体方法。例如英国专门为培养学生的创造性设计了系列教学案例，如"通过冰川期的旅行""史前艺术欣赏"等研究，均根据学生身心发展的特点，结合儿童的生活经验，体现了"从做中学"的教育理念。

中国在上千年的教育发展史上闪烁着一些朴素的创造教育思想和方法。早在两千多年前，老子的《道德经》中就有"天下万物生于有，有生于无"的创造思想。孔子的因材施教、"举一隅不以三隅返，则不复也"等，都是创造教育的生动写照。但是第一个在我国明确提出创造教育思想的是陶行知，他是中国创造教育的开拓者。陶行知曾在20世纪二三十年代就大力倡导过创造教育，他不仅提出了系统的创造教育理论和方法，还进行了大量创造教育实践。

20世纪80年代初，日本创造学研究者首次应邀来华同中国创造学研究者进行学术交流。1983年全国第一届创造学学术讨论会在南宁召开，标志着我国创造学的正式建立。这次讨论会议题涉及创造理论、创造心理、创造技法、创造过程和创造教育等众多领域。迄今为止，我国创造学学术讨论会已经举办十届，创造学的学术研究、组织建设以及国际间的学者交流，均取得了巨大成绩。1993年，中国发展协会、中国教育学会和中国陶行知研究会联合发起，创建了中国发明协会中小学创造教育分会，至今已经召开了27次年会，在推进素质教育、培养学生的创造精神与创造才能方面做出了重大贡献。据中国创造学会统计，中国创造学会编辑出版了9部创造学论文集，中创会会员、理事公开发行的创造学著作达三百余种。此外，学会还与电台、电视台、报社等新闻媒体一起，举办专题讲座、编写培训教材、制作音像制品，在全社会宣传普及创造、创新知识，提高人们对创造、创新重要性的认识。

在创造教育中，涌现了一批创造教育经验丰富、成绩显著的实验项目，其中天津市教科院的"创造性思维与个性教学模式的实验研究"①，北京教育学院创造教育研究室的"初高中学生创造能力和学习能力同步增长实验"②和由山东师大教科所、山东教育社、山东省教科所、山东省教委基教处、山东省教研室联合承担的"开发儿童创造力的实验"③就是三个可圈可点的创造教育先锋实验。它们实验研究的超前眼光、规范设计和显著的实验效果，为后来大规模的推广创新教育提供了样板，堪称中国当代创造教育实验的代表之作。1999 年以后，全国各地的创造教育（或称为"创新教育"）形成了几种基本模式，即以课堂教学为主进行创造教育；以开设专门的创造训练课为主进行创造教育；以组织学生开展创造发明活动，并产生某种创造性产品或作品为主进行创造教育；以全面试验陶行知创造教育思想为主进行创造教育；以创办专门的创造学校或发明学校为实体进行创造教育。④

　　世纪之交的我国儿童创造教育的稳健发展，给基础教育注入了新的活力。随着如火如荼的新课程改革的发展，创造教育的空间得到了进一步拓展，无论是儿童创造心理发展的研究，还是创造教育理论都正在酝酿着新的突破。

三、学前儿童创造性思维研究的理论基础

　　创造性思维的研究依托建构主义、人本主义、社会学习、多元智能、信息加工等理论，为儿童创造性思维的获得与培养奠定了基础。

（一）建构主义理论

　　建构主义学者皮亚杰和维果茨基，都将儿童看成自我发展的主动建构者。他们研究创造力的心理过程（儿童如何思考周围的环境和他人，以及如何行为），并且关注儿童如何理解他们生活的环境和解决面临的问题。建构主义学者认为：创造力的发展涉及概念建立和问题解决，这取决于儿童的认知发展水平；儿童是行动家——他们主动建构对周围环境的理解；儿童

---

① 张武升 . 创造性思维及其培养方法的探索 [J]. 人民教育 ,2004(02):3.
② 刘文明 . 初高中学生创造能力和学习能力同步增长实验报告 [J]. 教育研究 ,1997(03):8.
③ 张景焕 , 陈泽河 . 开发儿童创造力的实验研究 [J]. 心理学报 ,1996(03):7.
④ 张武升 , 王信倍 . 培养创新人才是跨世纪中国基础教育的伟大使命——全国中小幼创造教育典型经验专题研讨会综述 [J]. 中国教育学刊 ,1999(01):2.

以不同于成人的方式进行思考，并逐渐理解他人的观点。

因此，为培养创造性思维和行为，儿童教育工作者需要接纳儿童在集体活动和解决问题时不同的方法；提供大量交流想法和感受的机会；支持儿童在任务情境中使用材料进行研究和实验；提供一个尊重的、愉快的、接纳的环境，并给予儿童清晰的、一致的、公平的限制；了解孩子的情绪情感如何影响其学习动机；促进儿童自控能力和自主行为的发展。

当儿童工作者了解儿童的社会性和智力发展、鼓励儿童与他人互动以提高其观点选择和社会交往技能，以及探究儿童如何思考问题时，运用建构主义理论去培养儿童的创造性思维是最有效的方法。

（二）人本主义理论

人本主义学者如罗杰斯和马斯洛认为如果人的基本需要得以满足，他们就有能力通过选择、创造和自我实现来管理自己的人生。因此，儿童的自我感知极大地影响着他们能否成为乐于合作、敢于怀疑、具有创造性的学习者。人本主义学者认为，人类都想努力成为一个充分发展的人。这样的个体具备四个特征：积极的自尊，感知自我和他人情感的能力，对自己的决策负责，解决问题的能力。

当儿童与接纳、支持他们的成人互动交流时，他们学会把自己视为有能力、有价值的人。相反，被剥夺了接纳、支持环境的儿童就没有这样的自我感知，他们通常会用不适当的方式寻求认可。采纳人本主义观点的教师，会通过帮助儿童思考和探究问题、鼓励他们表达自己的感受、接纳他们解决问题的策略等方法来培养孩子们的创造性发展，并重视儿童诸如自发性、幽默感以及鉴赏力等品质的发展。善于支持、接纳和博学的教师能够促进儿童探究能力的发展。他们帮助儿童谈论自己的感受，尤其是在发生争执的时候，并指导他们进行自我调节。

（三）社会学习理论

社会学习理论者将社会互动视为影响学习和发展的主要因素。他们认为，儿童是通过观察和模仿周围的榜样来学习适当的社会行为，而不是依赖强化来塑造行为。按照这种方式，儿童可以通过榜样这一强有力的教养手段来学习，因为儿童总是模仿他们周围环境中的榜样。

社会学习理论者认为：个人的认知、行为与环境因素三者及其交互作用会对人类产生影响；强调观察学习或模仿学习，重视榜样的作用。在观察学习的过程中，人们获得了示范活动的象征性表象，并引导适当的操作；强调自我调节的作用，人的行为不仅受外界行为结果的影响，而且更受自我引发的行为结果的影响，即自我调节的影响。因此教师或其他教育者需要发挥相应的榜样或模范作用，鼓励儿童在社会生活中学习，给予其自信、自尊等方面的关注，充分发挥儿童的自我效能感，让儿童创造性地思考与表达。

（四）多元智能理论

过去，人们倾向于将智能看成是一个单一的特质——人类储存、提取、加工信息的能力。与这一简单化的观点相对照，加德纳将智力界定为解决问题的能力或者是改变在一个特殊文化背景和群体中产生的重大产品的能力。他指出有九种甚至可能更多种智能，每种思考方式都是极其不同的，都代表了一种特殊的领域。

多元智能理论学者认为：倡导弹性的、多因素组合的智力观；提倡全面的、多样化的人才观；倡导积极的、平等的学生观；倡导个性化的、因材施教的教学观；倡导多种多样的、以评价促发展的评价观。因此，创造性思维的培养可以依据多元智能理论，利用不同领域的智能特点，有针对性地培养儿童多方面、不同形式的创造性思维和表达。

（五）信息加工理论

信息加工理论产生于 20 世纪 50 年代后期，该理论是把人脑看成类似于计算机的信息加工系统。计算机是由输入设备、存储器、中央处理器、输出设备四大部件组成，其处理信息的基本过程是输入、处理、输出。信息加工理论是把人的眼、耳、鼻等感觉器官看成是输入设备，把人的大脑看成是中央处理器、存储器，手、口等看成是输出设备。这样人进行信息处理的过程就与计算机的处理信息的过程相吻合。

信息加工理论学者提出，信息加工理论包含记忆理论，即信息加工理论把人的记忆分为感觉记忆、工作记忆、长时记忆；充分利用组块理论。为了增加工作记忆的信息容量，提高加工效率，可以运用组织的策略。组织的实质是建立新知识间的联系，使之结合成一个整体，形成一个个知识的"组块"，减少了独立的信息数量，从而提高了进入工作记忆信息的总量；

学生在解决问题时，需要用已有的知识经过复杂的认知操作来解决问题。已有的知识保存在学生的长时记忆中，此时学生要从长时记忆中获得这部分知识，重新放回到工作记忆中。

对于创造性思维的培养可以通过知识的注意、知识的组块、知识的编码和知识的结构进行指导。将信息加工理论运用到相关教学实践中，有利于提高效率，提高学习的有效性，有利于创造性思维的培养。

四、学前儿童创造性思维的发展过程

创造力的发展就如同幼儿其他能力一样有其发展阶段，美国学者阿瑞斯特（1976）提出创造力发展有四个关键期，而第一个关键期就出现在学前幼儿阶段（5—6 岁），在这个关键期的发展阶段中，如果幼儿能在一个充满支持的环境下成长，并且在出现创造性行为时得到及时强化，将会对幼儿的创造力发展奠定良好的基础。在 20 世纪 50 年代末，美国心理学家托兰斯等人对幼儿创造性思维的发展进行了大规模的研究，涉及数千被试，成为迄今为止对幼儿创造力最系统的研究。其研究结果发现，幼儿创造力在 3—5 岁发展得最快，5 岁之后开始下降。之后，艾森伯格等人也得出相同的结论，即随着儿童的成熟，其创造性思维趋于下降，通常发展到 5 岁就处于停滞状态。安德鲁斯（1930）对学前儿童的创造性思维发展做了更为具体的追踪研究，结果显示 4—6 岁幼儿创造性想象得分最高，3—4 岁幼儿在重新定义和组合方面的能力最突出，4 岁幼儿在类比能力方面表现最优，而 5 岁幼儿的创造性水平进入到一个相对低落的时期。在创造力的发展阶段上，Khatena（1971）的研究表明：5—6 岁的幼儿的确在创造领域上优于年龄较长的儿童，创造力可由后天训练而加以发展。Sternberg 和 Lubart（1999）认为孩子的创造力表现会随其年龄增长而降低。

国内的研究中也显示出相类似的结论。翁亦诗在《幼儿创造教育》一书中指出，从整体趋势来看，幼儿创造力发展随着年龄的增长而不断上升，4—5 岁时幼儿的创造性思维发展达到一个高潮，大约从 5 岁起幼儿的创造性思维水平开始出现下降趋势。且 4 岁幼儿的独创性最高，5 岁以后独创性开始下降。而我国学者叶平枝和马倩茹（2012）在托兰斯研究的基础上，对我国学前幼儿的创造性思维发展特点进行了研究，结果发现 4—5 岁是幼儿创造性思维发展的一个关键期。王灿明、钱小龙（2015）历经了 14 年的儿童创造力培养的实验研究，认为应以创造性教学为根基，以创造性学习为核心，以创造性活动为手段，以创造学类课程为抓手，以创造型教师为关键，不断完善创新人才早期培养机制。研究认为学前阶段是创造性发展的萌芽期，也是最关键的基础期，而方案教学也常被用于进行儿童创造力的有效促进方式。综上可看出，国内外大多研究认为，4—5 岁是幼儿创造性思维发展的关键时期，而 5 岁开始出现下降趋势。

儿童创造性虽然没有明显的社会价值，但可以产生独特的个性活动；其中某些低级的、原始的创造力随着儿童的身心发展可能会走向高级的、有真正创新意义的创造力。幼儿的创造性思维与成人不同，他们往往不能产生有形的产品或结果，而常常以想象游戏、自我表达以及以新的方式表现出来，属于表达式创造。庞超波、王洪礼（2008）研究发现，幼儿的创造性思维有他们独有的特点：高度可塑性——随着幼儿大脑结构的不断完善，可塑性增强；具体形象性——总是对鲜明形象的事物印象最深刻，这一心理结构决定了幼儿只能进行直观的、具体的、缺乏严密性和逻辑性的创造；情境性——他们的创造性思维离不开已有知识积累和现实生活环境，进行创作时都会以现有的形象为基础；开放性——主要表现在不受思维定式影响，他们没有大多数成人所具有的思维惰性，思路所受的约束相对少得多；随意性——在思考问题时往往容易就事论事，欠缺全面周到的思考。在回答问题时，他们表现非常活跃，但大多是不假思索地发言，有时候给出的答案让人摸不着头脑。

从幼儿创造力的特点来看，幼儿期是创造力发展的初级阶段，也是最关键的时期。幼儿的思维处于直观动作和具体的形象思维阶段，抽象逻辑思维处于初级的萌芽时期，并且由于受到幼儿认知发展阶段的年龄特点所影响，幼儿时期的创造力发展还很薄弱，但也正是因为这一点，使幼儿的创造力发展拥有巨大的可塑性，从而给幼儿联想、想象提供了充分的自由发展空间。但从掌握的资料来看，大多数实验研究的重点集中在短期训练和成人的创造力发展研究中，而对处于思维发展活跃期的学前儿童的关注多数是思辨性的、零散的和不系统的。

第二章
创造性思维的内涵、特点及结构

目前，国内外学术界从不同的视角对创造性思维进行探讨，与创造性思维相关的文献数量较为丰富，研究已形成较为成熟的体系，大多探讨均涉及创造力、创造性行为及创造性人格的研究。因此，本书将进一步厘清创造性思维与创造力、创造性行为及创造性人格之间的内在逻辑关系，从而帮助读者更好地理解何为创造性思维。

一、创造性思维的内涵

（一）创造力

创造力（creativity，又译"创造性"）一词源于拉丁语 creare，意为创造、创建、生产、劳动。从词源角度讲，创造力的本质是"创新"，是创造出前所未有的新事情，是人类特有的一种综合性本领。创造力是指产生新思想，发现和创造新事物的能力，是一系列连续而复杂的高水平的心理活动，是成功地完成某种创造性活动所必需的心理品质。创造力是由知识、智力、能力及优良的个性品质等复杂多因素综合优化构成的，例如创造新概念、新理论、新方法，更新技术，发明新设备，创作新作品都是创造力的表现。

（二）创造性思维

创造之所以有如此巨大的能量，其根本就是人类所独有的创造性思维能力。对于人类创造活动而言，创造性思维被视作是其基础认识支柱。创造性思维表示人们在开展创造性活动时所持有的一种思维模式，对于孩子来说，是其创造的基础，它的前提在于对问题的解决，通过新颖独特的思维模式，进行具备一定价值的新观点、理论、措施等（王灿明，2005）。胡珍生、刘奎林（2006）也指出创造性思维是指具备创见性的思维，也就是指借助思维既可对事物的本质进行揭示，也可基于此创造出具有建树性、新颖性的假设与建议。从这些定义可以看出，相比于普通思维，创造性思维其思维的表达方面有着更多的新颖性。

近年来，心理学界逐渐开始通过信息加工这一理论，对创造性思维进行重新理解与界定。斯滕伯格早在 1999 年就曾提出，创造性思维以选择性组合、比较与编码为基础。人们在开展创造性重组与加工的时候，通常会先根据已知信息的表现或语义角度对其做出重新界定，然后再开展发散型加工活动。所以，基于此重组得到的事物不再是原本已有的组成零件和简单原始的组合成果。不管怎样，我们当前可以明确的是，创造性思维是一种复合性的思维，包含发散与聚合思维、分析与直觉思维等。所有可取得新颖成果的思维，都可归属到创造性思维中来。简而言之，创造性思维是对所获得的经验知识进行重组，提出新的过程或措施，获得新思维成果的一种思维活动。它代表了多种思维的整体表达，既融合了聚合思维和发散思维，又融合了分析思维和直觉思维，并以理论思维为基础。

（三）创造性行为

不少学者坚持认为只有某种活动所产生的成果对于整个人类而言是新的、前所未有的，才能称为创造，如爱因斯坦的相对论。然而，帕内斯教授认为，创造性成果的独特性、价值性既可以是对一个学术组织乃至整个社会而言，也可以是对一个小群体乃至一个人而言，这就扩大了创造性行为的外延。

创造性行为是创造主体实现创造意向和创造性思维的活动，是在创造心理的控制和约束下形成的。创造性行为主要包括：创造主体的一般行为、动手或操作行为；熟练掌握和运用创造技法的行为；创造成果的表达行为（论文写作、艺术创作）和物化行为（创造设想物化为模型和产品）。创造性行为也像其他行为一样，只有通过训练和实践才能真正获得。儿童的创造性行为应该区别于科学家、艺术家，他们的创造成果是创造心理的外在表现，仅对于他们自己而言具有新颖性，未必是具有社会意义的行为。

　　创造性行为的出现是与人们对创造力认识的不断深化联系在一起的。吉尔福特以一个人是否做出创造性的成就来衡量这个人的创造力，也就是说只有具有非凡成就者才具备创造力。但他后来修正了自己的看法，认为："创造力才能决定个体是否有能力在显著水平上显示出创造性行为。具有种种必备能力的个体，实际上是否能产生创造性质的结果，还取决于他的动机和气质特征。"① 显然，在这里创造力不再是一种神秘的力量，而是由体现"创造性行为"的种种"创造性才能"所构成，而创造性行为又与创造动机等创造心理密切联系在一起。因此，一般认为创造心理是创造性行为的前提和条件，创造性行为是创造心理的外在表现，创造心理和创造性行为相互影响、相互渗透，在一定条件下是相互转化的。

　　根据人们解决问题的新颖、独特程度不同，王灿明将创造性行为划分为以下三个层次：第一层次为初级创造性行为，主要是指对本人来说是前所未有的，不涉及社会价值。儿童一般具备这种初级创造性行为；第二层次为中级创造性行为，主要是指经过模仿、改革或发明，在原有的知识和经验基础上重新组织材料、加工产生有一定社会价值的产品的行为；第三层次是高级创造性行为，指经过长期的研究、反复的探索所产生的非凡的创造，它可以是一项从无到有、填补空白的活动，因此有可能为国家、社会、人类做出巨大贡献。上述三个层次的分界并不绝对，创造力是逐步发展和形成起来的。初级创造性行为可以凭借某一专业领域的经验深化，逐渐向后面两个层次发展。这为我们训练儿童的创造性行为，培养创造性人才奠定了理论基础。

（四）创造性人格

　　作为心理学概念的"人格"与我们日常概念的"人格"不同，它具有下列特点：一是独特性，它包括人与人之间在心理面貌上的差异；二是稳定性，人格不是指某人在一时或一事上所体现出的心理特点；三是整体性，人格由多种因素组成，这些因素是有机地联系在一起的；四是社会性，它的形成是个体社会化的结果，实质上是一切社会关系的总和。

---

① 吉尔福特.创造性才能：它们的性质、用途与培养 [M].施良方,沈剑平,唐小杰,等译.北京：人民教育出版社,2006:6.

美国心理学家奥尔波特强调人格是实在的东西，是有动力和独特的，并提出了著名的"特质说"，认为特质可以把人的各种经验组织起来，并造成人的恒常性。特质与人格的关系是，特质是针对人格的一种测量单位，人格是由人的特质决定的。创造性人格具有较强的稳定性，是由创造主体的人格特质构成的一个有机整体。

关于创造性人格特征有很多不尽相同的结论，但是目前最具权威性的主要有吉尔福特和斯滕伯格的研究。

吉尔福特归纳了八项创造性人格的特征：有高度的自觉性和独立性；有旺盛的求知欲；有强烈的好奇心，对事物的运动有深究的动机；知识面广，善于观察；工作中讲求条理性、准确性、严格性；有丰富的想象力，敏锐的直觉，喜好抽象思维，对智力活动与游戏有广泛的兴趣；富有幽默感，表现出卓越的文艺天赋；意志品质出众，能排除外界干扰，长时间地专注于某个感兴趣的问题中。这是心理学家最早进行的理论概括，将创造性人格与创造性思维紧密联系起来进行思考，在创造力研究领域的影响极为深远。

斯滕伯格提出创造力的"三侧面模型"，其中第三个侧面就是人格特质，由七个因素组成，即对含糊的容忍、愿意克服障碍、愿意让自己的观点不断发展、活动受内在动机的驱动、有适度的冒险精神、期望被人认可、愿意为争取再次被认可而努力。斯滕伯格坚持认为"创造是一种选择"，其理论源头是"创造力投资理论"，强调愿意克服困难、愿意承担风险、愿意容忍含糊性、具有自我效能感，具有强烈的心理学色彩。

20 世纪八九十年代以后，创造性人格研究开始进入中国学者的视野，一些学者相继从不同角度进行研究，发表了不少有影响的研究成果。北京师范大学林崇德教授对相关文献进行了综述，以心理学的理论框架进行概括，具有较强的适用性。他将创造性人格概括为五个方面：健康的情感，包括情感的程度、性质及其理智感；坚强的意志，即意志的目的性、坚持性、果断性和自制力；积极的个性意识倾向，特别是兴趣、动机和理想；刚毅的性格，特别是性格的态度特征以及动力特征；良好的习惯。

创造者身上具备部分创造性人格特征，而不是某些人所理解的全部特征。所谓的全部特征不过是心理学家们对许多创造者人格的整体概括而已。因此，我们没有必要认为一般人具备少量或没有某些创造性人格特征就不能从事创造活动，因为影响创造的因素除了人格以外还有许多其他因素，影响的机制也是非常复杂的。所以在创造性人才的教育过程中，不是一定要把创造者所有的人格特质都发掘出来。

二、创造性思维的特点

创造性思维的过程不仅仅是一种收敛式的思维过程，因为这种思维方式往往限制了人们思维的自由度。它要求人们的思维脱离常规思维的轨迹，有时甚至从那些极普通的、互不相关的事物里去主动地发现其共性或内在的联系。很多创造往往是在思维高度集中后，在思想放松的一瞬间突然迸发出来，即获得了灵感。因此，创造性思维应该是发散与收敛相结合的过程，是两种思维形式相互作用的产物。

创造性思维是一种特殊的思维方式，其思维的特征主要体现在以下几个方面。

（一）新颖性

儿童在进行研究和探索问题的活动中形成新思想的思维特性，称为创造性思维的新颖性。新颖性是创造性思维的基本标志。创造性思维通常以新的概念、新的范畴、新的符号、新的模型和新的图式，准确、流畅和有效地表达思维的结果，并以最快速度的方式向社会展示，以使在激烈的竞争中获得首创权。

（二）突发性

创造性思维往往在时间上以一种突然降临的情景标志着某一突破的获得，表现出一种非逻辑的特征。这是长期量变基础上的质的飞跃，主要表现形式是直觉、灵感和顿悟。比如，牛顿在树下休息，熟透了的苹果落下来，砸在他身上，他突发奇想："苹果熟了，怎么往地上落，不向天上飞呢？"苹果熟透了落下来是一种司空见惯的现象，却引起了牛顿的兴趣，从此他潜心研究，终于发现了万有引力定律，这就是突发性的表现。

（三）主动性

创造是一种主动的行为，在进行创造性思维时，更需要调动情感、意志以及全部的生理、心理等功能，从而使一切积极的心理品质处于最佳状态。这正是创造主动性充分发挥的表现。

（四）灵活性

迅速而轻易地从一类对象转向另一类对象的思维特性，称为创造性思维的灵活性。创造性思维的思维结构是灵活多变的，且思路能及时转换变通。这种思维特性有三种表现形式：第一个表现是解决某个问题取得的经验转而用来解决其他类似问题，这是转移经验；第二个表现是利用"局外"信息发现解决问题的奇异途径，这是侧向思维；第三个表现是从一个概念出发而想到相距遥远的另一个概念，这是遥远联想。转移经验、侧向思维和遥远联想，都是创造性思维灵活性的具体表现。

（五）求异性

求异性是相对于求同性而言，此特征是指在别人习以为常并不认为是问题的地方发现问题，表现为标新立异以及对异常现象的敏感性和思维的独立性，即"与别人看到同样的东西却能想出不同的事情"。创造性思维可以使儿童对同一个问题形成尽可能多的、尽可能新的、尽可能独创的设想、方法、方案和可能性，要在常人都说"不可能"的情况下，去发现和寻找其"可能性"。现在流行的说法就是"逆向思维"，这是右脑思维中最常运用的一种思维方式，从根本上来讲是一种辩证思维，是从正反两方面看待同一事物的哲学思维，是一种科学的世界观和方法论。创造性思维的求异性，是通过儿童思维的发散性、侧向性、逆向性等在不同思维方向上的思维而体现出来的。

三、创造性思维的结构

国内外对于创造性思维的结构划分研究较少，更多的是以"创造力""创造心理"这一上位概念为整体进行的结构划分。本节将从两个层面展开相应的说明。

（一）基于不同理论的创造力结构

1. 吉尔福特创造力结构理论

20 世纪最早对创造力进行系统研究，并推动创造力研究成为科学研究中心的当推吉尔福特，他的《创造性才能》一书被西方心理学界视为现代正式研究创造力的先锋著作，后来他又提出了著名的"智力三维结构理论"。他认为类似于智力有外显与内隐之分，创造力同样也有内隐和外显两种形态，即创造力的静态结构和动态结构。创造力静态结构主要指个体内在的创造性表现；创造力动态结构是指个体外在的创造性表现，具体指流畅性、灵活性、独创性。

吉尔福特认为智力应当包括对创造性表现特别重要的种种能力。为了说明这些能力在解决问题中的运用方式，吉尔福特又建构了一个"智力结构解题（SIPS）"模式，说明了发散性加工、辐合性加工、评价和转化四类能力是如何在解题过程发挥作用的。他的研究方法和理论观点为后来的创造力理论研究者提供了很好的材料。

2.艾曼贝尔的创造力组成成分理论

美国社会心理学家艾曼贝尔（1982）的创造力成分模型（componential conceptualization）指出，不管在什么领域中，创造力的产生都是三个组成成分，即领域相关技能（domain-relevant skills）、创造力相关技能（creativity-relevant skills）和任务动机（task motivation）联合作用的结果。在此模式内，领域相关技能可视为任一领域内成就表现的基础，这项成分包括事实性知识、技术性技巧以及领域内的特定才能；创造力相关技能则包含运用整体性来探究新的认知途径、认知形式及工作形式；任务动机包括决定个人朝向任务的动机变项。

表 2.1　艾曼贝尔的创造力组成成分

	组成部分	具体内涵
创造力	领域相关技能	相关的领域知识
		必备的领域技能
		与领域有关的天赋
	创造力相关技能	有利于创新的认知风格
		产生新奇思想的内隐或外显的启发性知识
		产生创造性成果的工作风格
	任务动机	对任务的态度
		对自己接受这一任务的态度的感知

　　该理论认为创造力的三个成分在具体的创造过程中所处的层次或水平是不同的。创造力相关技能处于最基本的层次，会影响任何内容领域的创造力；领域相关技能处于中间层次，是指某一领域内共有的所有基本技能，而不是归属于某一特定任务的技能。对于不同的任务而言，所用技能之间存在很大的重叠，也就是说，如果一个人在某一领域的一个方面颇有天赋，他很可能在其他方面也有特殊的才能；任务动机则处于最特殊的层次，不仅随着领域内特定任务而有所不同，甚至在不同时间对某一特定的任务动机也存在变化。个体创造力的产生必须在领域相关技能、创造力相关技能和任务动机三者间充分交互作用，当三者的交集越大则个体创造力越高。

3. 斯滕伯格创造力三侧面模型

　　创造力三侧面模型是斯滕伯格在《创造力的性质》一书中提出来的。他认为，创造力由智力维度、智力风格维度和人格维度组成。这是既相互独立又相互联系的三种维度，任何创造力都是以上三个侧面共同作用的结果。由于这三种维度相互结合的程度、成分、方面以及各维度所起的作用等都有所区别，从而体现出创造力的复杂多样性以及不同的力度特征和深度特征。智力是创造力的基本方面，它包括内部关联型智力（与个体内部心理过程相联系）、经验关联型智力（与已有知识经验相联系）和外部关联型智力（与外界环境相联系）。之后，斯滕伯格又将其提炼为成分智力（包括元成分、操作成分和知识获得成分）、情境智力和经验智力。他认为智力是个体运用自身的智力资源的方式或倾向。智力风格可通过智力管理的功能、形式、水平、范围和倾向等来理解。人格是创造性个体所具有的一系列的人格特征，包括对模糊问题的容忍性、愿意克服障碍、愿意让自己的观点不断发展、创造力活动受内在动机驱动、适度的冒险精神、期望被人认可以及愿意为争取再次被认可而努力等七个影响因素。总而言之，斯滕伯格认为创造性个体是智力、认知风格和人格特征的完美结合体。创造力三侧面理论是典型的系统观创造力理论，创造力不再是单一维度的智力或人格特质，而是三个维度相联系的整体，并且每个维度都有自己独特的功能和意义。

表 2.2　斯滕伯格创造力三侧面结构划分

	组成部分	具体内涵
创造力	智力	内部关联型智力（与个体内部心理过程相联系）
		经验关联型智力（与已有知识经验相联系）
		外部关联型智力（与外界环境相联系）
	智力风格	认知风格
	人格	对模糊问题的容忍性
		愿意克服障碍
		愿意让自己的观点不断发展
		创造力活动受内在动机驱动
		适度的冒险精神
		期望被人认可
		愿意为争取再次被认可而努力

4. 罗杰斯的创造性结构理论

罗杰斯基于人本主义心理学提出了教育心理理论的"创造观"。罗杰斯特别注重创造性的结构划分，认为其内部有三种构成。

（1）对经验的敞开

缺乏创造性的人有一种心理防卫，即对自己的经验拒不承认，或者用一种歪曲的方式对这些经验再次加工，他们摆脱不了预定范畴的影响和干扰，不敢对事物作出完全是自己的理解。有创造性的人，经常会敞开自己的经验，这意味着他们没有概念、信仰和假设的禁锢，也没有任何刻板印象。

（2）内部的自我评价

当一个人以自我评价为主、以他人评价为辅时，他的独立性、创造性和自主性就会得到促进。

（3）灵活运用概念和原理的能力

这种能力是与第一种构成相联系的，它是指情不自禁地灵活运用观念、色彩、形状、关系，即开玩笑地将若干原理进行异想天开的关联，借以形成假设，使肯定的事物变成可疑的，在表达荒谬的想法时，使用某种形式把不可能相等的东西变成相等，即将"风马牛不相及"的东西结合在一起产生新事物。

（二）基于不同视角的创造心理结构

我国学者王灿明（2015）认为，创造心理是个体在创造过程中所特有的较为稳定的心理品质，主要包括创造意向、创造性思维、创造性人格和创造性行为等心理要素。其中，创造意向是前提，创造性思维是核心，创造性人格是动力，创造性行为是表现。它们互相联系、互相制约，形成一个完整的心理结构。国内外对于创造性思维的结构划分研究较少，更多的是以"创造心理"为整体进行的结构划分。鉴于创造性思维是创造心理的核心，且创造心理这一高级的心理活动是创造性思维的过程，本节将从"创造心理"方面探讨相关的结构划分。

1. 根据普通心理学的概念框架进行的结构划分

普通心理学中，将人的心理划分为认知、情感、意志、意识、个性等。基于普通心理学的概念划分，董惠英认为创造心理是指人们在认识过程、情感过程和意志过程中所表现出来的创造性因素，也包括人们的需要、动机、信念以及性格、气质、能力等心理倾向性和心理特征中的创造性因素。一个人在创造活动中，形成了复杂的心理结构，即创造性心理品质，其中创造性才能是基本成分，创造性思维又是创造性才能的核心。因此，创造性思维的培养，就是要培养和塑造创造性心理品质。[1]

夏瑾认为，所谓创新心理，是指在运用已有的知识、经验、信息的基础上，在创造性思维为核心的认识过程中，形成首创思想观念、设计方案、科学技术、方式方法等的心理品质。其具体包括创新意识、创新理念、创新思维、创新欲望、创新激情、创新意志、创新能力。[2]其中创新意识、创新理念、创新思维、创新能力是智力性心理因素；创新欲望、创新激情、创新意志则是非智力性心理因素。夏瑾界定了"创新心理"，并根据流行的心理二分法将创新心理分为智力性心理因素和非智力性心理因素，有较大的涵盖面。

2. 根据教育实践进行的结构划分

部分学者在一线教学或一线调查研究中，结合教育实践对创造心理结构进行了一定的划分。有学者认为，创造心理素质由创造能力和创造个性组成，创造能力包括创造智慧能力和创造操作能力；创造个性有创造意向水平和创造人格。这样就构成了一个包括三级指标共 17 个因子的指标体系。[3]

---

① 董惠英. 大学生创造心理培养刍议 [J]. 山西财经大学学报 (高等教育版),2002(02):18-20.
② 夏瑾. 论创新心理素质的提高和创新人才的培养 [J]. 武钢大学学报 ,2000(04):50-52,55.
③ 葛明贵 , 韦自胜 , 程斌. 小学创造心理素质教育的思考 [J]. 中国教育学刊 ,1999(02):33-34.

表 2.4　基于教育实践的创造心理结构划分

	一级指标	二级指标	三级指标
创造心理素质	创造能力	创造智慧能力	观察敏锐
			想象丰富
			思想深刻
			解决问题迅速、流畅且独特
		创造操作能力	懂得科技创造常识
			善于重新组合与分解问题
			有敏捷的动手操作能力
	创造个性	创造意向水平	创造兴趣浓厚
			有强烈的好奇心和求知欲
			有远大的创造理想
			穷追不舍的钻研精神
		创造人格	独立性强
			认真细致
			不畏权威
			敢于冒险
			意志坚定
			持之以恒

第三章
学前儿童创造性思维培养路径

一、学前儿童创造性思维影响因素

创造性思维是一个复杂的思维过程，近年的研究表明，其形成至少受遗传基因、环境因素、家庭因素的影响。

（一）遗传基因

从遗传的角度揭示创造性思维个体差异是创造力研究领域近年来的一个热点问题。于顾的《遗传与父母教养方式对创造力的预测——基于DA和5-HT神经递质的系统分析》一文中认为，创造力作为一种复杂的心理特质，其遗传在很大程度上受多个而不是一个或某几个多态性位点的影响。创造性思维的发展受多巴胺（Dopamine，简称DA）、5-羟色胺（5-Hydroxytryptamine，简称5-HT）两类神经递质系统的影响。DA、5-HT两个神经递质通路中有众多基因，这些基因的联合作用是神经递质发挥功能的保证，它们都可能对创造这一复杂认知过程产生影响，是创造过程的认知基础。先天的生理条件（遗传基因）是创造性思维产生的基础，已有研究证明大脑神经递质会影响个体的创造性思维。

武晓菲等在《创造性思维的遗传基础研究进展》一文中提到，关于创造性思维的遗传基因研究主要集中于创造性的候选基因研究、多基因交互作用研究以及基因与环境、性格交互作用研究等。[①] 从基因角度对创造力进行预测是创造性研究领域的一个新的方向，但创造性思维的遗传基因研究仍受到某些因素限制，需要后续研究的不断深入。生理条件（遗传基因）是创造性思维产生的基础，已有研究证明大脑神经递质会影响个体的创造性思维。

（二）环境因素

对儿童发展来说，创造性思维的发展主要受社会环境的影响。目前社会环境对创造性思维的影响主要集中于同伴影响、教师影响、课堂形式、社会文化和物质环境。

1.同伴影响

良好的同伴关系能够促进儿童创造性思维的发展，而不良的同伴关系会阻碍儿童创造性思维的发展。儿童对同伴关系的依附性对创造力发展有重要影响。对比单独的学习与同伴互助的学习方式，同伴互助的学习方式能够促进个体创造力的发展，增强发散性思维能力。

良好的同伴关系是在平等且非权威的氛围中形成的，同伴之间的交流能够促进彼此之间的相互模仿与创造方法和技巧的学习，促进儿童创造性思维的发展。同时，良好的同伴关系有助于儿童形成安全的学习氛围，有助于提升儿童的自信心与表达欲，形成积极的自我认知，提升创造性自我效能，从而使创造性思维得到更好的发展。

2.教师影响

在幼儿园中，班级是儿童主要的活动场所，教师是儿童接触的主要对象。教师的影响对儿童创造性思维的发展有着重要的作用。

首先，教师对儿童的态度会影响儿童的创造性思维发展。在儿童寻求帮助时，教师支持的态度可以促进其成长，并且能够在一定程度上增强创造力发展的内部动机。儿童可能提出各种不同的问题，这时就需要教师对不同情况进行具体把握，如能否对儿童的错误进行包容和容忍，态度是否和蔼可亲，是否给儿童提供充足的学习资源等。这些对儿童的创造性表现

---

① 武晓菲，郑鹭鸣，孙铁.创造性思维的遗传基础研究进展 [J].杭州师范大学学报（自然科学版），2022,21(02):132–137.

都有重要影响。

其次，教师对儿童的教育方式会影响儿童的创造性思维发展。教师对儿童的个体发展有潜移默化的作用，创造性思维的发展也存在差异性的特征。在幼儿园教育中，教师对于儿童个体差异性的把握，教师对创造性思维发展的年龄差异的了解程度，都影响着儿童创造性思维的发展水平。教师应对于不同的儿童采用不同的教育方式。

最后，师幼关系会影响儿童的创造性思维发展。师幼关系是指教师和儿童在教育教学活动中形成的相互关系，包括彼此所处的地位、作用和态度等。民主的师幼关系能够给儿童营造安全的心理环境，儿童在安全的环境下才能够积极地思考，努力地探索形成创造性的品质的能力。良好的师幼关系也能够给儿童营造自由、宽松的学习环境，有利于儿童理性批判精神和怀疑精神的培养。而这两种精神正是创造性人格所必需的心理品质。

目前，已有大量研究表明教师自身的创造性、教师对儿童的态度以及教师的期望行为会对孩子创造性思维产生深远的影响。这就意味着教师作为除家庭以外对儿童影响最大的微系统中的一环，其自身创造性的培养尤为重要。

3. 课堂形式

除了教师的影响外，研究者还对课堂形式进行了研究。活跃、开放的课堂形式能够使儿童处于兴奋状态，从而增强思维的灵活性与敏捷性，进而促进创造性思维的发展；反之则会阻碍创造性思维的发展。目前对于课堂形式的研究大多聚焦于"开放型课堂"与"传统课堂"的对比。

大多数研究证据都支持开放课堂，其中最著名的是哈登和利顿（1968）进行的有关开放教育和创造力的研究。200 名儿童参与了此次研究，其中一半来自正式小学，一半来自非正式小学，两组儿童在语言推理和社会经济地位上相匹配。研究者对他们进行了一系列创造力测试，发现非正式学校的儿童在各项测试中都具有优势。后来，研究者又对其中大约四分之三的儿童进行了后续调查，结果显示，在小学毕业四年后，那些曾处于开放课堂中的儿童依旧拥有更优秀的发散思维。戈亚尔（1973）对比了开放课堂、传统课堂以及介于两者之间的课堂中的儿童在流畅性、灵活性和独创性上的得分，发现开放课堂中的儿童得分最高，而传统课堂中的儿童得分最低。西尔贝曼（1970）曾将"开放"课程描述为"不是一种方法或程序，更多的是一套有关儿童天性、学习和教育的一致态度和信念"。开放性有时还等同于大型开放空间在教学中的应用，但最普遍的观点是"一种教学方式，提倡灵活的思考空间、学生对教学活动的选择权、丰富的学习材料以及各门课程的融合，并主张个体或小组教学，而非大班授课"（Horwitz, 1979）。

综上所述，有充足的证据支持相对非正式的课堂环境比传统的限制性课堂环境更有利于创造力的发展。因为开放课堂中有相对较少外部限制，从而激发了学生对待任务的内在动机。学生不用费心取悦老师、超过其他同学、得高分或者赶时间，他们能够专注于学习材料和自身想法，轻松地进行探索创新。另一种解释认为，开放课堂中儿童的许多日常活动（比如创意写作）都与创造力测试中的任务类似，他们已经获得了一套创造性技巧，从而可以简便地运用于创造力测试中。

4. 社会文化

根据社会资本理论，创造性得以充分发展不仅需要个人能力或个人决心，更需要社会的支持。正如费拉里（2004）解释的，"当研究者的想法与某种文化中有价值的东西相一致时，并且当研究者有种种途径（例如社会教养、实践以及天生能力）使其不同寻常时，才会产生影响深远的艺术成果和创造性成果""文化资本是个体社会历史的产物，但通常被误认为是天份……我们不应该低估精心的训练和娴熟的教学对产生某一特定文化领域优秀人才的成绩"。

俄国理论家维果茨基（1933）认为，从其根本而言，学习是文化的，本质上是交互的。通过社会互动，儿童把他人呈现给他们的文化工具加以内化，并借鉴他人的想象思维过程。例如，如果我们观察儿童的绘画，会看到他们早期绘制的图画与其熟知的某种文化艺术很相像，他们的绘画风格受他们所处社会中艺术的影响。因此个体的创造性思维在很大程度上受社会、文化等影响。

5. 物质环境

物质环境传达着丰富的教育作用以及什么是恰当行为的信息，儿童如何与环境互动，如何被环境影响并影响着他们的具体活动，这些都是环境与幼儿之间的关联问题。幼儿每天有大量的时间在幼儿园中度过，结构灵活、可预测的、富有创造性的教室环境是儿童创新过程的重要基础。创造性的环境给予儿童足够的自主权，允许儿童去探索、获取和利用其安全设施里的物品，以支持儿童的创新过程以及他们变化的需求、兴趣和能力。

影响创造性思维发展的物质环境中应该具有可探索的空间和材料，如户外场地中的斜坡、自然环境中的生物、室内场地中的材料等，这些都将有助于儿童创造性思维的产生及发展。

（三）家庭因素

家庭既是儿童的第一所学校，更是儿童永久的学校。因此，家庭承担着儿童的启蒙教育，关系到儿童的终身发展。儿童地位（出生顺序）、家庭教养方式、父母的特征与行为等因素对儿童创造性思维的形成与发展具有重要影响。

1. 出生顺序

许多研究都考察了家庭特征和父母行为对个体创造力发展的影响。Raul（1952）发现，许多杰出的科学家都是家里的初生子女或独生子女。这一发现使一些研究者关注出生顺序对创造力的影响。后来的研究证实，初生儿在许多创造性领域都成果丰硕。但也有一些研究认为出生顺序对儿童创造力没有显著影响。面对这些相互矛盾的结果，艾伯特（1980）提出了自己的见解。他认为影响个体创造性的并非出生顺序本身，而是个体在家庭中的特殊地位以及受重视程度。因为初生儿拥有一种特殊的家庭地位，因此格外受关注。

2. 家庭教养方式

许多研究者都把家庭教养方式作为影响创造性思维非常重要的指标，家庭教养方式分为民主型、纵容型、专制型、忽视型。民主型的家庭教养方式，可以培养儿童的独立性，容许儿童有自己的想法观点，从而能够培养儿童的创造力。

李红艳认为生活在民主型家庭的儿童创造性远超其他三种。因为民主型的家庭氛围是自由宽松的，家长尊重儿童，鼓励儿童独立自主，让他们独立解决自己所遇到的问题。长此以往，儿童遇到事情肯动脑筋，敢于发表自己的意见，从而为创造性思维的发展奠定良好的基础。① 张承菊采用《家庭教养方式问卷》探究不同家庭教养方式和儿童创造性思维独创性、精确性、流畅性、变通性四个维度的关系。研究发现，家庭教养方式的纵容型与幼儿创造性思维的独创性、精确性呈负相关，即家庭教养方式的纵容成分越多，幼儿创造性思维独创性、精进性的得分越低。

3. 父母的特征和行为

相比出生顺序、家庭教养方式，父母的特征和行为与孩子的创造力间的关系更为密切。有充足的证据证明，当父母可以确保自己的人身安全，并且不刻意与特定社会行为规范保持一致时，孩子会表现得更有创造性（Miller & Gerard, 1979）。一项研究对高中男生及其父亲进行了一系列测试，与缺乏创造力男生的父亲相比，创造力较高男生的父亲们较少表现出传统男性角色的刻板印象（Grant & Domino, 1976）。另一项研究针对高中男生和他们的母亲，发现高创造力男生的母亲不拘谨，不太担心他人对自己的印象，而且对社会的要求不太在意（Domino, 1969）。

父母对孩子的行为对孩子的创造力发展非常重要。布鲁姆和索斯尼亚克（1981）研究了天才数学家和作曲家，发现这些天才的父母们通常从一开始就全力投入孩子的天资培养，给予极大的热情和鼓励，有些父母还投身于孩子的发展领域，充当模范榜样。当孩子的天资进一步凸显时，父母们会投入大量金钱和精力，为孩子寻找最好的老师，并且跟老师一起对孩子进行早期教育。然而，大多数孩子都是出自普通家庭，因此能够促进孩子创造力发展的父母有如下特征：较少命令和限制；鼓励独立自主；能提供物质基础保障；较多陪伴儿童进行益智游戏；较多带孩子到图书馆、书店等文化中心；父母和孩子间保持适当的人际距离。

总的来说，对孩子的尊重和信任最有可能提高他们的创造力。同时，那些较为宽松自由的家庭氛围和环境、父母较少表现出权力主义倾向的家庭也最有可能促进儿童的创造力。

---

① 李红艳 . 影响儿童创造性思维能力的家庭因素分析 [J]. 现代教育科学 ,2010(12):31-32.

二、学前儿童创造性思维培养路径

根据以上的讨论，学者们均认为创造性思维是一个复杂的发展系统，受到多因素影响。学前儿童正处于想象力、创造力迅速发展的时期，研究发现，幼儿园阶段是创造力发展最快的阶段。吉尔福特认为，有创造力的孩子是我们最珍贵的资源，尽早辨别和培养这些有创造力的孩子，使其能够最大限度地发挥创造潜力非常重要。因此在学前儿童阶段培养儿童的创造性思维，有着极其重要的价值。

我国于 2012 年正式印发的《3—6 岁幼儿学习与发展指南》中明确指出要帮助儿童养成积极主动、认真专注、不怕困难、敢于探究和尝试、乐于想象和创造等良好的学习品质。如在语言领域中提出要在阅读中提高幼儿想象力和创造力；在艺术领域中要创造一定的机会和条件来支持幼儿内心自发的艺术表现和创作。对个体而言，学前儿童期是创造性思维发展的关键期，若得到良好培养可为日后创造性思维发展夯实基础。

（一）创设安全而丰富的实践空间

实践空间是儿童开展创造性活动所必需的幼儿园、家庭和社会中的场所，适宜的实践空间设计和心理空间创设能够促进儿童创造性的表现。而不尽如人意的空间设计往往会中断儿童的活动、增加冲突、降低儿童的注意力，并且要求教师更多地强调规则和纪律。早期对于创造力的研究多数放在富有创造力的个体差异上，忽略了创造性环境，忽视了学习和社会环境对创造性思维的影响。

1.安全舒适的空间

在足够舒适的空间中，儿童可以尽情地完成自己想做的事情。无论是在家中还是在幼儿园中，或者是在科技馆、文化馆、博物馆中，为儿童设计的空间都应在颜色的协调性、工作台的高低布置等方面让儿童有安全感，从而使儿童在此空间中进行一些创造性行为。

在创造性培养中除了要关注创造性的室内环境的设置外，也不能忽略室外环境对儿童的影响。室外环境可以给儿童带来益处，因为室外环境给孩子提供了可探索的空间、充足的时间、开放性的材料和观察他人创造性游戏和学习的机会，这些支持了儿童的创造力和想象力。

2. 合理的空间划分

合理的空间划分帮助儿童活动的正常进行和秩序的维持。当"活动区"的布局过于拥挤，孩子不能在其中自由穿行，就会互相干扰，通常冲突由此而生。空间要能让孩子自由移动，使他们的注意力放在创造性工作上。

3. 空间具有可选择性

在此空间中，儿童有机会掌握学习进程，有机会决定在何时、如何与环境互动。在此环境中允许开放和弹性的角色分配、学习主题、问题解决和活动。同时，空间中提供的材料也可以让不同层次、不同能力的学习者都能有选择地与其进行互动。

4. 有足够的挑战机会

空间中要有足够的挑战机会，提供有挑战性和促进性的学习材料。如幼儿园的室外环境，需要提供一些具有冒险可能性的环境；也可以提供一些不相关的工具和材料，让儿童在一个自由开放的氛围里使用材料去构建、创造和组装。

5. 工具与材料的可获得性

此空间应随时能够帮助学前儿童日常创造力的提升，因此不仅仅是在幼儿园应有如此的空间，在社会、社区、家庭中也应该有可开展实践的空间。比如，在幼儿园或家庭中准备一个配备有创造性工具与材料的工作台，里面有旧的小台灯、小音箱等可供拆卸，有安全螺丝刀、安全剪刀、胶枪等工具可供使用。儿童在其中可以有足够的空间和材料去发展创造性思维。

6. 空间不断调适和适时变化

空间中的环境、物品的大小、可使用的时间和空间等需要根据儿童的情况不断调适其支持方式。幼儿园可以利用材料表、学习计划和时间表完成一些空间之间的变动、活动之间的变化等。

7. 便于教师观察和监管

空间设置要利于教师能够从所有有利的角度或地方观察和监管儿童。通过这种方式，教师可以观察儿童，并帮助和支持儿童达成其目标，调整其行为。

（二）优化幼儿创造性心理环境

1. 营造积极的情感氛围

氛围是指儿童从环境中体会到的情感和学习的感觉，它决定着儿童在多大程度上能成为卓有成效和全心投入的思想者和学习者。积极的教室环境氛围应该可以让儿童真实地表达和思考，给儿童机会让他们感到自己是学习的主人，能让他们更好地投入到操作、成功、评估和展示过程中。

培养良好的人际关系、有积极的学习成果、营造积极的情感氛围是高质量教室环境要求中的精神氛围层面。在这样的环境中，儿童有进行社会角色游戏的机会，有足够多的户外游戏体验与社会互动，有与其他孩子一同游戏学习的同伴交往氛围。作为情感氛围的营造者，教师能对物品大小、时间和支持度进行调适，房间布置和教师的期望要能够支持孩子学习；活动区要为孩子提供自主学习的机会以及令人感兴趣的练习；教师要对幼儿表示出真正的喜欢和关心，同时肯定孩子的努力，为幼儿活动开展提供积极的精神氛围。

2. 营造经验感知的情境

幼儿处于情感敏感期，容易接受情感暗示，引发情感共鸣。因此教师可以创设轻松活跃的教学氛围情境，引起幼儿的情感共鸣，促使幼儿积极、主动地投入活动中。

（1）故事情境

创设故事情境让幼儿扮演故事中的角色，理解不同角色在不同情境中的思想情感。这其中包括一些经典的童话故事、民间故事等，也包括由他们生活经验引发的真实故事情境。故事情境顺应幼儿的情感需求，运用多种方式激活幼儿的感官参与，让幼儿在亲身体验中感知世界，也可以通过数字化技术辅以背景音乐、声音解说等场景，引起幼儿的探究兴趣和表现欲望，鼓舞他们尝试新体验，接受新挑战。

（2）问题情境

问题情境是基于问题解决而建构的情境。西蒙（1966）认为，当个体达到目标后，目标就可以被忘掉，但问题解决的过程中所获得的信息被保存在长时记忆里。当遇到问题时，他可以从长时记忆中调取这些信息，并使下一次问题解决过程更短。在创造性思维培养的过程中，问题情境中的问题可以是科学问题或真实问题，也可是同时具有两种功能的问题，但并不是每一个问题都可以称之为问题情境。科学问题具有可验证性，如果一个问题没有通过实验或实践而获得解答的可能性，那么这个问题就不可能成为一个科学问题。

问题情境中的问题最好是能由儿童自己提出，当然他们也可能对别人所提出的问题特别感兴趣，但很多情况下，个体对外源性的问题可能并不具备内在兴趣。在儿童较少主动提出问题的情况下，教师可以预测儿童在问题解决过程中可能遇到的困难与疑惑，并及时以对话方式从不同角度和层次搭建问题支架，驱动幼儿有组织、有逻辑地发现和解决问题。结构不良问题更有助于提升儿童的创造性思维，基于问题支架的情境更强调逻辑的推动、细节和可操作性，而且问题情境要与幼儿现有的认知结构和解决能力水平相适应。问题合理才能激发幼儿学习的积极性和动力，推进幼儿的层层思考。儿童提出"外星人的眼里天空是红色的吗""如果孙悟空在现实中，他和我会成为好朋友吗"等问题，在我们看来是无法用实验或者实践手段来解决的，但对这类型问题的讨论有益于激发儿童的想象力。再如儿童提出"如果把这盆花的叶子全部摘掉，花会死吗""一下雨，天气就会变凉快吗"这一类型的问题，是可以通过科学探究和实践来解决的。而儿童提出"怎样才能知道保温杯里的水到底有多热呢""怎么让书包背起来不是那么累呢"这一类型的问题，教师可以鼓励儿童进行调查和思考，并开展创造性活动。

（3）生活情境

将特定的现实生活经验情境作为情境支架，能够营造身临其境的氛围，有效激发并维持幼儿参与活动的兴趣。生活情境无处不在，呈现情境内容时，教师可以从生活情境的背景、引发事件、问题和结果、角色感受等几个方面提问，帮助幼儿清晰理解。当幼儿不知如何评价和反思他人方案时，教师可以从完整性、实用性、多样性等角度提问，促进幼儿反思和改进自己的方案。同时，教师也要注重引导幼儿主动发现生活中"不方便、不合理、不科学"的事物，使他们学会自主发现问题，如"书架中高处的书，由于身高的问题拿不到怎么办""书架是否可以做出相应的创造性设计""小书包中的东西放置起来不方便怎么办""能不能改造小书包"等等。在此过程中，教师充分利用幼儿已有的知识经验，与问题探究建立有机联系，使他们学会自主分析问题，运用发散思维和聚敛思维的交互作用，启发幼儿打开思路，自主寻找创造性问题解决的方法。通过优化的情境设计，教师可以引导幼儿自主地发现、分析和解决问题，其思维的独创性也得到了相应提升。

3.安全开放的心理空间

舒适接纳的心理空间能够有效促进学前儿童开展创造性活动的内在动机，从而提升创造性思维。

（1）安全感

时间空间上的充足能使儿童充分感受到安全感，并因此促进开展创造性活动的内在动机。当动机来自于外界的压力和要求，儿童的主要精力就放在了如何得到群体的接受和奖励以及如何避免群体的排斥与惩罚上，创造性方案本身就变得次要，也容易处于一种威胁的焦虑之下，认知加工过程变得不那么灵活，洞察力也不那么敏感。而当儿童有内在动机时，即把自己对某项活动的投入本身看成目的，而不是实现某个外在目标的手段，那么他们就会受内在动机驱动，可能会对特定的任务表现出相对持久的兴趣水平。

（2）开放性

开放性意味着灵活的思考空间、学生对教学活动的选择权、丰富的学习材料以及各门课程的整合，并主张个体或小组教学，而非大班授课。还有一些研究提倡鼓励好奇心、探索欲和自我取向的学习，不主张评分和权威教导。从心理空间来说，开放意味着教师较少约束儿童的表现，儿童有较多的个性化空间，这不是一种方法或程序，更多的是一套有关儿童天性、学习和教育的一致态度和信念。研究发现，开放式课堂有助于儿童的创造性思维，其主要原因是开放课堂较少外部限制，从而激发儿童对待任务的内在动机，专注于学习材料和自身想法，而不是将精力投入在竞争之上。

（3）接纳性

在接纳度较高的环境中，师幼互动和活动形式能让儿童始终会觉得自己是被接纳的，无论他们在活动中经历了成功或失败，无论他们的能力高低，都不会有所改变。

（三）投放多用途且具有探索性的材料

1. 材料投放原则

（1）探索性

投放的材料要能够模拟与反映儿童不断扩展的世界，供他们不断进行探索。这个扩展的世界包括儿童的团体、文化和对各领域日益增长的兴趣，使用这些材料的过程也是探索性的过程，能提高他们创造性解决问题的能力。

（2）便捷性

投放的材料必须是合适的且易于使用的。如建构型玩具和形状分类型玩具等操作型玩具，就相应要提供较低的、远离过道的架子放置这些玩具，以便儿童取放和使用。材料便于儿童使用可以提高他们的主人翁意识，鼓励他们创造性地解决问题，并能够鼓励材料在教室中交换使用。

（3）丰富性

准备复杂度不同的材料和工具。准备的材料要适合于不同年龄段，如要有适合于较小儿童的人物图形、路标和小型运输工具，也要有适合大一点儿童的各种建构装置和材料。幼儿园可提供的简单设备，如秋千或三轮车；复杂设备可以包括有两种不同种类的材料部件，如水和塑料容器、沙子和挖掘工具；超级复杂设备包括三种或更多种零部件，如沙子、挖掘工具和水。这些的材料能较长时间吸引儿童的注意力和兴趣，因为他们有很多机会操作和拼装这些部件，并且将它们整合到自己的游戏主题中去。

2. 投放材料类型

（1）基本技能类材料。典型的技能性材料包括棋盘游戏、纸牌游戏、各种类型的书、属性卡、拼图等。这些材料能为创造性思维的开发提供基础认知。

（2）操作性材料。操作性材料包括珠子、建筑设备、彩色蜡笔、生面团、几何板、绳索、铅笔和剪刀等。

（3）建构类材料。这些材料包括一些模块类元件如模型、积木等，木工类材料如锤子、木块等。

（4）自我表现类材料。鼓励儿童尝试不同的角色或行为，通过戏剧、音乐和艺术进行展示，包括角色游戏区域常见的玩具娃娃、微型家具、服装、音乐器材等。

（5）日常生活材料的天然材料。日常生活材料包括盒子、纽扣、木工工具、壶、锅等家务用品；天然材料包括木棍、树枝、石头、松果、沙石、泥土和水等。这些日常生活中的天然原料可以把生活带进教室，并且帮助儿童按自己的意愿使用它们。

（四）开展多种形式的创造性思维培养活动

1. STEAM 项目活动

项目活动是以真实项目为基础，要求儿童综合运用多种方法技能，解决项目过程中的一系列问题，进而来完成最终项目。[①]高质量的项目学习往往指向学习的本质，成为发展儿童综合素养的最为重要的一种学习模式。学前儿童中常见的 STEAM 活动中，项目是开展数量最多的一种活动模式，这也在一定程度上佐证了基于项目开展 STEAM 活动的高效性。在后文中，我们将展示完整地利用 STEAM 项目形式来开展活动的案例。开展一个完整的项目活动，首先要从儿童的生活经验中获取真实有效的项目创意，再进行筛选、整合或改造，使其具备足够的开放程度，否则将难以促进儿童的创造性思维；其次要有相对明确的项目目标，这将有利于教师在过程中及时把握反馈和评价的方向，但注意目标不能过于收敛；最后，项目活动的过程中要有多个支架作为支撑，这些支架将帮助儿童在项目活动中保持持续的兴趣和专注，从而形成自主学习过程。

2. 游戏活动

虽然不是所有的玩耍都具有创造性，但所有创造都少不了玩耍。研究发现，玩耍是高创造力的儿童和区别于创造力较低的同龄人的一种人格特征。

（1）游戏活动与创造性思维

游戏普遍被认为能够提高幼儿的创造力，原因在于，首先，游戏为儿童提供了一个没有风险与压迫的环境。其次，游戏给予了幼儿自由操作游戏材料的机会和空间，幼儿能够在游戏中充分表达自己的想法并实现自己的再造想象，游戏给予了幼儿探索、想象的机会[②]，同时游戏材料、游戏场景、游戏角色等也为儿童的创造力发展提供了物质与现实的可能。儿童通

---

① 黄明燕，赵建华. 项目学习研究综述——基于与学科教学融合的视角 [J]. 远程教育杂志，2014,32(02):90-98.
② 郑育敏. 论游戏与幼儿创造力的培养 [J]. 学前教育研究,2003(10):19-20.

过游戏发展其以假扮真、创造性使用材料和进行创造性活动的能力，这些能力在不同类型的游戏中得到了锻炼，有助于帮助儿童在新的环境中获得成功。

有教育者认为有组织的游戏不适宜幼儿发展，阻碍创造力，会挑起竞争。研究发现，只要教师组织得当，有组织的游戏同样能够促进儿童创造性思维。同时，这些游戏不仅能促进他们合作竞争和灵活思考的能力，也能促进儿童对规则的理解与接受能力。因此，无论是有组织的游戏还是无组织的游戏，只要儿童能够有足够的探索机会，都可以促进创造性思维发展。

（2）游戏类型与创造性思维

利用不同类型的游戏活动来培养学前儿童创造力的研究非常广泛。皮亚杰从认知发展角度对游戏进行了分类，主要集中在象征性游戏、规则性游戏和结构性游戏这三类。

1）象征性游戏

象征性游戏是指幼儿在心理具备象征性功能的基础上，对事物及其某些方面进行"假装""想象""表演"或"模仿"的一种游戏，故其通常又被称为"假装游戏"或"想象游戏"。根据皮亚杰的儿童认知发展理论，在大约一岁半至两岁期间（感知—运动阶段末期），幼儿出现并逐步具备象征性功能。象征性功能是个体象征性游戏发生的基础和儿童创造性思维发生的重要标志，能帮助儿童将创造性游戏的形式和内容丰富化。在此过程中，儿童创造性地解决问题的能力不断得到锻炼和发展，从而创造性思维得以提升。

目前大量的研究已经证实了象征游戏和创造性思维之间的重要关系，主要集中在象征性游戏中的情境转变、以物代物和以人代人这三个类别中。

所谓情境转变是使行为在时间上、结果上、动机上以及行为发生的条件上都脱离了它原有的真实生活情景，即儿童在假想的情景下做出一些象征性动作或表达其想法。Fehr（2016）选取了41名4—6岁的儿童进行3次20—30分钟的情境转变的象征游戏，提供多种玩具，要求孩子玩出3—4种故事，教师在孩子的引导下参与游戏，鼓励孩子在游戏中大胆发挥想象力。儿童通过创造性的讲故事，发挥其想象力，将其天马行空的想法融入故事情节中，从而促进其创造性思维的发展。

以物代物是指用一种东西代替另一种不在眼前的物体，并且能够用被代物的名称命名当前的代替物，这是一种象征性思维活动过程，是思维、想象等多种心理成分参与的复杂的心理活动过程。Hoffmann（2016）等人通过实验研究，测试假装游戏干预是否会提升儿童的创造性思维。实验者进行了 6 次游戏干预，每一次的游戏环节都是围绕着一个单一的故事主线展开，要求儿童用桌上的玩具编出不同的故事，这些故事涵盖一系列情感主题。经过 6 次干预，实验发现实验组的发散性思维测验得分显著提升，并且儿童的情感表达和想象能力同样也得到提升。假装游戏中有许多与发散性思维相同的认知和情感过程，正因为其中的想象、冒险和情感参与使得假装游戏技能的显著提高，从而也使得发散性思维得到了显著提高。

角色游戏属于以人代人形式的象征性游戏，是学前儿童喜闻乐见的一种游戏类型。Mottweiler 等人（2014）研究了角色扮演与创造力之间的关系。在 75 名 4—5 岁儿童中，那些参与精心设计的角色扮演的儿童的创造力比未参与角色扮演游戏的得分更高。他们能够完成更多创造性的故事，画的虚构人物的图片更有创造性。

2）规则性游戏

田雪等人（2020）从规则游戏的游戏规则、合作与竞争、游戏策略及明确的输赢结果四个核心要素出发，详细阐述幼儿规则游戏是如何促进好奇心与兴趣、坚持与专注、反思解释能力、想象与创造以及灵活变通性等方面的发展。儿童想象与创造的学习品质，能够通过规则游戏中的规则、带有目的性的游戏策略得以展示和成长。培养幼儿的创造力不仅要从创造性游戏入手，也应该重视在规则游戏中发展幼儿的创造力品质。

体育游戏是规则游戏中的一个重要部分。近年来，有学者也关注到了体育游戏对于培养幼儿创造力的积极意义。张艳春（2015）通过文献梳理总结了在体育游戏中培养幼儿创造力的有效策略：创设开放性体育游戏的环境；教师要创造性地指导体育游戏，如可以设计弯弯曲曲的路线及陷阱，让幼儿在游戏双脚跳中坚持挑战，学会耐心和勇敢、不怕困难；加强家园合作，例如家长观察幼儿在家创造力的情况，并及时与老师交流，给予帮助、肯定与赞扬。

3）结构性游戏

结构性游戏又称"建构游戏"，幼儿按照一定的计划或目的来组织游戏材料或其他物体，使之呈现出一定的形式或结构的活动。研究者 Moller（2015）探寻了不同类型的游戏对幼儿创造性发展的影响差异性，选取了30名3—6岁的儿童作为研究对象，让儿童进行创意建构玩具（如乐高积木、木块和火车轨道等）和社交幻想游戏（如服装、幻想雕像和泰迪熊等）。研究发现，玩社交幻想游戏的孩子似乎更乐于接受游戏场景中的新奇的想法，并且会拓展游戏场景的规则。宋蓓蓓（2020）通过绘本阅读让孩子们了解一些构建的技巧，让孩子们构建具体意象，以此为基础，或是模仿，或是自我创新。相比单纯的构建，这样的过程更加顺利，更易达成理想的实践效果。例如，在建构游戏"纸牌塔"游戏中，教师先提供给孩子几副纸牌，然后投放了连环画。孩子们在阅读连环画后，了解纸牌塔的搭建过程和方法。因为有了模型，孩子们在实践中更容易发现问题、解决问题，最终完成属于自己的构建。从成长的角度来看，这本身代表了幼儿实践创造能力的发展提升。

通过投放适宜的游戏材料也可以提高建构游戏质量，促进儿童创造性思维的发展。童青芸（2020）通过在建构区投放低结构材料以提高幼儿游戏材料的选择性，之后对幼儿建构作品创造力的流畅性、变通性、精致性和独创性进行评价：替代行为增多，创造力的流畅性成分增强；情境数量增加，创造力的灵活性成分增多；情境细节丰富，创造力的精进性成分增强；作品更加独特化，创造力的独创性成分增多。

除了提供游戏材料外，还可以在建构游戏的建构类型上提高游戏质量。孟奕彤等人（2020）围绕自由搭建、命题搭建和模拟搭建三种类型的建构活动，通过组织实施类型丰富的建构游戏活动进行教育培养实验，发现不同类型的建构活动对幼儿创造力提升的作用不同：自由搭建更有利于促进幼儿主动性、好奇心的发展；模拟搭建更有利于促进幼儿目标意识、坚持性、专注程度的发展；命题搭建更有利于促进幼儿想象力、创造力、抗挫折能力、独立性的发展。

3. 问题导向活动

幼儿的创造性思维是在问题解决过程中表现出来的，离开了活动探究，就不可能有幼儿对问题的发现、分析和解决。因此，问题导向活动是非常有利于幼儿创造性思维的发展的。

这种活动可以是对真实生活问题的活动探究，如搜集"桥"的资料，实地调查家乡的桥的形状、长度和结构，并使用材料创造性建桥。再如在"彩虹色的花"故事创编活动中，师幼共探故事内容，其中教师设问："小老鼠脸红红的，它这是怎么了呢？小朋友们有什么办法帮助小老鼠吗？"幼儿根据自己已有的生活经验，进行思考，快速地给出了许多解决办法，如可以买一个空调；可以躲在花的下面，就没那么热了；可以用彩虹色的花的叶子当太阳伞；还可以躲到大树底下乘凉……在提出问题、探究问题和解决问题的过程中，幼儿的想法层出不穷，其创造力的流畅性水平也在此过程中不断提高。

4. 领域活动

《3—6 岁儿童学习与发展指南》从健康、语言、社会、科学和艺术五个领域描述幼儿的学习与发展，其中艺术、科学和语言领域的活动与创造性思维的关系较为密切。

（1）艺术活动

艺术创造视作一种内在的主观的过程，是人类思维创造性的一种体现。艺术活动具有独特性、人文性，更强调人的感性认识以及情感上的经验与感受，是一种极富个性的创造性活动。《幼儿园教育指导纲要（试行）》指出，幼儿的创造活动过程和作品是幼儿表达自己的认识和情感的重要方式。艺术活动对于儿童创造力的培养作用显而易见。

幼儿园的艺术教育主要是通过音乐活动、美术活动、手工制作等形式来实施。已有研究对不同类型的艺术活动与创造性思维之间的关系进行了研究，发现即兴舞蹈、美术绘画、手工制作和音乐活动等都对儿童的创造性思维有一定的促进作用。

基于舞蹈的干预可以对创造力产生积极的影响。研究者 Clements 等人（2015）进行了两项以艺术为基础的即兴干预。他们选取 8—10 岁的 27 名儿童，对其进行舞蹈干预活动，主要为 10 分钟的指挥式舞蹈任务，儿童需要使用身体的特定部位，尽可能多地探索不同于他们以往用的肢体动作来创编舞蹈动作。研究发现，参加 10 分钟的即兴舞蹈课的儿童在实例任务和玩具设计任务中，独创性维度得分更高并且表现出更好的发散思维。同时，舞蹈与运动体育活动的结合也有利于幼儿的创造性的发展。研究者 Neville（2020）选择了 42 名二年级的学生进行了长达 6 周的以舞蹈为基础的体育课程教学，每周以舞蹈为基础的体育课持续 50 分钟，每节课包括 5 分钟的热身、40 分钟的舞蹈活动和 5 分钟的拉伸。在课程进行过程中，孩子们有更多的机会自主行动，以便更充分地促进创造力的培养。在这过程中教师不断转变语言提示和提问方式，要求孩子们想象场景，以帮助他们获得更大的动作表达。研究者发现，以舞蹈为基础的体育运动干预有助于提高小学阶段的儿童的创造力。

美术活动也是培养儿童创造性思维的有效途径。小组绘画活动鼓励幼儿的各种社会和创造能力的发展。例如，当孩子们画画时，年幼的儿童经常会说话、讲故事、分享笑话、制造不同类型的噪音、唱歌、使用手势和表演他们正在画的东西。研究者通过观察中班幼儿的开放式小组绘画活动，发现在绘画过程中孩子们通过使用共同的经验知识和兴趣点来创造并保持共同的意义，并应用各种语言和非语言沟通策略来推进共同的主题，在此过程中，幼儿的艺术创造能力得以体现。

艺术活动对创造性思维的促进是毋庸置疑的，儿童进行艺术活动本身就是创造性表达的过程，多样的艺术活动为幼儿进行艺术创造提供了空间。

（2）科学活动

《3—6 岁儿童学习与发展指南》指出，幼儿的科学学习是在探究具体事物和解决实际问题中，尝试发现事物间的异同和联系的过程。陈鹤琴也在《活教育课程论》中指出，大自然、大社会都是活教材，在这大自然美好、广远的意境中，儿童的想象力会表现得极其惊人和美妙，而想象力和发散性思维是发展儿童创造性思维的重要方面。

儿童的创造性思维既可以通过正规性科学教育活动进行培养，也可以通过非正规性科学教育活动进行培养。在非正规性科学教育活动中，区角的科学探究活动和偶发性科学活动关注儿童的创造性思维的发展。

区角科学探究活动，如科学发现室、科学桌子、自然角、饲养角、种植园地等，由教师为幼儿创设一个宽松、和谐的环境，提供各种科学活动的设备和丰富多样的材料。每个幼儿按照自己的兴趣和意愿，自己选择活动内容，自己决定活动的时间，并用自己的方式进行的科学探索活动。

偶发性科学活动是指幼儿的周围世界中突然发生的某一自然科学现象、自然物或有趣新奇的科技产品等，激起幼儿的好奇，导致幼儿自发投入的一种科学探索活动。不同于正规性科学活动，偶发性科学活动没有特定的主题，没有既定的活动目标，由幼儿个别探索或自发组织的群体探索，可以发生在任何时间、任何地点，但这恰恰是幼儿创造性发现最重要的表现，教师要善于观察幼儿偶发的科学探究行为，给予适时地指导和支持。

（3）语言活动

语言是思维的工具，儿童具体的、可观的语言内容往往在一定程度上代表了儿童的思维过程和结果。在幼儿园丰富多样的语言活动中，儿童在活动中理解，在活动中想象，在活动中求异，理解、倾听、表达和欣赏能力得以提升，由此产生积极向上的情感态度。在这种情感驱动下，儿童对周围的一切事物产生好奇感，儿童的想象得以激发，可以在陌生化的语境或情境中主动地表达、讲述他们的所感所思。这个过程就是一个创造的过程，儿童表现出来的创造性思维能力和语言能力的发展是同时进行的。

已有研究对不同类型的语言活动与创造性思维之间的关系进行了研究，主要集中在幼儿的内部言语与其创造性思维的关系上。无论是在问题解决任务情境中还是开放式的游戏活动中，幼儿自我指导的言语和强化、赞扬和鼓励的内部言语都对创造性思维有一定的促进作用。

在学前阶段，幼儿会进行公开的内部言语，这代表了早期的思维模式。幼儿经常在他人面前使用内部言语，研究者 Daugherty（1995）通过观察儿童完成问题任务时发出的不同类型的内部言语进行编码并分类，将幼儿的内部言语分为以下几类：与任务无关的内部言语，与任务相关并对任务无推动作用的内部言语，与任务相关并对任务有推动作用的内部言语，强化、赞扬和自我鼓励的言语，陈述问题解决的言语。结果发现，强化、赞扬和自我鼓励的言语对创造力的流畅性这一维度的积极影响最大，陈述问题解决的语言对流畅性维度的积极影响较小，而与任务相关并对任务无推动作用的内部言语可能会抑制创造性潜能。之后 Daugherty（2008）又通过收集 32 名 4—6 岁幼儿在开放的游戏环境中的内部言语，将其分为情绪释放、自我指导、大声朗读等类别，发现创造力的独创性和流畅性都与自我指导、自我计划的私人话语和总体私人言语有关。研究结果表明，认知自我调节的内部言语可能与创造性思维有关。这两项研究对幼儿园的语言教育活动有一定的启示，在游戏或者语言表达活动中，教师应该指导幼儿多进行自我鼓励的言语和自我指导、计划表达，从而促进幼儿的创造性思维的发展。

5. 小组合作活动

幼儿合作学习具有情境性、生活性、活动性，它的开展有赖于一个个具体的情境和具体的活动。这活动可以是教师组织的教学活动，可以是幼儿的生活活动，也可以是幼儿自发探索活动、游戏活动等等。让儿童组成两个或多个成员构成的合作小组，每个小组都有明确的任务，幼儿面对面的协作交流，促进了他们以各种不同方式进行创造性思维，产生各种新的思想、新的解决办法和程序。

由于儿童学习特征不同，在开展小组学习过程中，会出现矛盾、抵触或对立局面，仅将儿童组成小组，然后让他们一起探讨解决问题过程，并不见得可以取得有效的学习效果。通过教学实验研究发现，小组成员的分工会导致角色的自然划分，每个角色所承担的学习任务与其他成员所承担的学习任务边界越清晰，组内分工也会越清晰，每个幼儿所承担的角色也会保持越长久，从而幼儿间的相互依靠关系就会越强。例如，有的幼儿语言表达能力较强，就会主动扮演小组陈述人；有的幼儿绘画能力强，就会担任画家，通过绘画展现小组其他成员的想法；有的幼儿性格开朗且主动，自然承担带领人角色，指导组内幼儿合理分工，促进组员发展相互依靠关系。不同角色成员相互依靠关系能够有效运作小组合作学习，既能帮助幼儿共享学习经验，用心思考新知识与已有知识之间的关联，从而对已有经验做出更深入的加工，又能保证了小组完成解决任务的整体效果。此外，当小组成员在对自己或其他成员的角色不清楚时，会出现角色失调的现象。为保持幼儿合作学习中分工和角色的持久性，教师还应该及时指导小组成员对创造性解决任务进行合理分工，使不同的成员拥有不同的角色和不同的任务，形成一定的小组规范，从而建立成员间的相互依靠关系。

6. 其他活动

除以上活动之外，启发式的复杂任务活动、基于计算机的任务活动等也可以给予有天赋儿童以创造性思维的挑战。这里所指的复杂任务应该是启发式的，而不是运算式的，这样的任务才有可能让儿童发挥其创造性。运算式任务是指解决路径清楚且直接的任务，即对解决任务来说，已存在相应的运算法则；与之相反，启发式任务则是指那些并不清晰且不易识别解决途径的任务，即需要先找到一个启发式方案才能解决问题。识别启发式任务中的问题也是创造性活动的一个重要组成部分。而确定任务是启发式还是运算式，还有一个重要的指标是任务执行者对该任务的认知水平。如果存在已经解决问题的运算方式，但任务执行者不知道，那么对于他来说，这个任务仍然是启发式的。在对创造性思维进行评价时，也是必须遵从任务对于任务执行者来说是启发式还是运算式来考虑。当任务具有复杂性和挑战性时，儿童可以形成内在满足感和效能感，并提高内在动机，从而做出更多的尝试。

（五）培养具备创造性思维支持能力的教师

教师作为教育活动的组织者、参与者、支持者，他们秉持什么样的教育理念，致力于建立什么样的师幼关系，是影响幼儿创造性思维发展的重要因素。

1. 教师自身创造性素养

教师的态度可能会直接影响儿童的创造力，坚信学生的自主性很重要的老师，其学生往往偏好挑战、充满好奇并渴望独立自主，而当儿童看到教师对待工作采取内部取向，他们会感觉到自己更有能力且内在动力更足。在培养儿童创造性思维能力的过程中，当教师同时具备创造性素养和创造力培养能力时，将有助于儿童的创造力提高，但当教师仅具有创造力时，并没有证据表明一定会影响儿童的创造力。因此，作为教师，需要有意识地培养自我的创造性素养和创造性培养能力。高夫（1979）的"创造性人格形容词检测表"中提到的创造性人格一般包括能干、聪明、有信心、自我、幽默、个人主义、不拘礼节、有洞察力、聪颖、兴趣广泛、善于发明、别出心裁、沉思、机智、自信、性感、势利和不拘传统等特性；而易受影响、谨慎、普通、保守、传统、抱怨、老实、兴趣少、彬彬有礼、真诚、顺从和多疑等特性，往往与创造力负相关。在托兰斯和卡特纳（1970）的针对创造力的典型人格测试中，创造力高的个体会选择利他、好奇和主动，而不会选谦恭、自信和顺从。一般来说，当教师具备以上创造性素养时，更易于找到儿童创造力的培养方向。这些素养并不要求教师本身具有极高的智商，而是后天可以进行训练和养成的。

2. 教师培养幼儿创造性思维的能力

（1）提问能力

多年来，在发展心理学与教育学中，语言和思维之间的关系一直被认为是显而易见的，语言能力对发展思维能力非常重要。提问的类型可以分为回忆性提问、判断性提问、分析性提问、描述性提问、批判性提问等。当儿童有机会与分析性提问、评价性提问相互动时，就能逐步锻炼出相应的思维技能，并将其逐步内化。如"让我们看看这两幅图片"改为"让我们比较这两幅图片"，"当……时，你觉得会发生什么"改为"当……时，你预测会发生什么"，"你怎么知道那是真的"改为"支持你的证据是什么"等。

（2）鼓励能力

在正向的组织性因素里，及时鼓励最有可能影响个体或团队的创造力。Feitelson & Ross（1973）的研究中指出，有游戏指导即鼓励儿童用新的方式组合游戏材料对于儿童的探索性、创新性和独创性均有所帮助。因此，教师在与儿童的互动中要及时鼓励儿童进行探索性发现、提出有价值的问题、充分表达自己的想法等。

（3）反馈能力

教师需要为发现问题提供支持性的、积极的反馈，而不是只关心解决问题。因为当儿童的问题既没有得到解决又没有得到合理的回应时，个体对于任务的内在动机水平将会下降；而取得了部分成功或得到了回应时，儿童的内在动机会提高，从而促进创造性行为出现。

（4）支持能力

教师需要支持儿童，指导儿童如何观察环境，并从环境中找到可能与创造性解决方案有关的线索，如让儿童选择玩什么、如何制定规则、制定什么规则、如何遵守规则等。

（5）观察能力

教师要对儿童创造力的表现有清晰的认知，在儿童表现时能够及时发现，并给予鼓励，在儿童中途变换想法，去换一种游戏或活动形式时也能给予足够的支持；要对环境与幼儿互动进行观察，以了解现有的环境中不同能力、不同使用阶段儿童使用材料的方式和开展活动的情况，判断环境或活动类型是否能够促进儿童提升创造力，以调整或重设环境和活动。在此过程中，教师需要收集足够多的信息和事例，目的是了解创造力更多的表现形式。这种收集也为回顾、评价、介入、指导提供依据。

第四章
创造性思维的评价

　　承认创造的过程和结果是多维性和复杂性的，是评价开始的基础。因此，评价儿童创造力发展要着眼于各种相互作用，着重从各种环境和跨学科领域来说明创造的品质。

　　大多数水平考试是纸笔测验，只有一个正确答案，通过这些测验将个体儿童的得分与小组同伴的得分进行比较，这与我们所倡导的创造过程是大相径庭的。在任何阶段都不建议用水平考试评价创造力，而在学前阶段尤其如此。即使是那些专为评价创造性而设计的考试，有时不是相当依赖于个体的创造性行为如艺术能力，或是倾向于评价严格限制条件下的问题解决能力。

　　假如一个研究者要在实验中评价这个儿童的创造性，他提供给孩子一个固定的场景和固定的材料，然后在短时间内观察这个孩子使用这些材料的过程，这个研究者可能会得出结论，这个孩子表现出较低的原创性。但是这个孩子可能习惯于其他的场景，或者是与其他人合作共同玩这些材料，或者是玩其他材料时，才能展现出杰出的想象力。因此，简单、有限制的测试安排不一定能反映儿童真实的创造力，学前儿童的评价需要尽量提供真实的生活环境作为支撑。

一、评价目标

评价目标是发现尚需进步的方向，为教师进一步的培养计划提供方向，同时为家庭提供支持和建议。高创造力往往与内在评价机制关联更大，而与外在评价机制关联较少。创造性思维评价的目的是让每位儿童都得到适合自身能力的创造性思维的理想发展，给儿童机会说明他们所学到的东西，了解儿童学习的程度，使每一名幼儿在其创造力发展阶段的某一水平上获得成功。因此，在此过程中需要提供清晰的期待和优秀的标准，并与内容、过程和习惯相联系。幼儿的评价应融合在活动中，而不是单独进行。

二、评价内容

评价能清晰地传递有关被试过程和能力的信息，让学前儿童享受完成任务本身带来的乐趣。但评价与奖励并不能等同起来，奖励在儿童创造性思维培养过程中要谨慎使用。奖励分为基于表现的奖励和基于任务的奖励，在具体操作时，教师更多应该采用基于表现的奖励，从而使奖励能够赋能给儿童，让儿童有更大的自由做自己感兴趣或有挑战性的事情。而这些奖励属于非控制性信息，可以给儿童带来积极情感。不要让孩子为了奖励去玩游戏或参与活动，这样儿童更倾向于选择低难度的游戏，因为其更容易得到奖励，而得到奖励之后，解题和探索兴趣会降低，表现也会变差。奖励会降低儿童对活动本身的愉悦体验，并降低儿童在任务表现中不起作用的一些方面，因为这些方面有可能离开任务本身。

评价内容也可能对儿童内在兴趣有削弱作用。如果评价传达出有关自身能力的积极信息，则很可能提升内在动机；如果评价传达出的外部控制超过了任务投入，则很可能降低内在动机。

三、评价方式

（一）形成性评价

形成性评价注重对幼儿学习过程及其结果进行评价，并通过过程评价来影响学习过程。它强调以适当的形式系统获取过程中的信息，用于发现学习者学习中的问题并指导后续教学。形成性评价内容需要关注各个环节的教学形式，包括思维导图、问题分析表、方案设计图、合作学习等，主要评价幼儿是否能借助它们去发现问题、分析问题、解决问题和评价反思。这是针对幼儿处理问题的方式，通过评价幼儿学习过程中的行为变化来评估幼儿的理解问题、分析问题、评价和反思等能力水平的状况。此外，评价内容还可以观察幼儿面对问题的心态，从幼儿是否积极面对的态度考察他们解决问题过程中的学习状态，从而形成反馈，帮助教师及时调整正在进行的教学活动。

（二）表现性评价

表现性评价的特征是儿童的任务表现是贴近主题和有趣的，这种评价方式既重视过程也重视结果。在表现性评价过程中，教师可以发展幼儿自我评价的能力。表现性评价的结果主要用于优化儿童的学习，而评价的资料用于改善教师实践并作出教学决策，评价的结果展现幼儿行为的整体状况。通过这种表现性评价可以表现出儿童的理解过程和程度。

（三）总结性评价

总结性评价可以包括音乐表演、作品展示、小组表现等，同时可以利用自制绘本、小册子、思维导图等来呈现活动过程，但在此过程中要避免高价值判断性和高干预的总结性评价。如要直观评价一个幼儿作品的创造性水平，可以针对解决方案作品的成效进行评估，主要评价方案数量和方案类型、方案创新性以及成果的合理性。

四、评价工具

（一）评价工具类型

创造性思维的评价工具种类较多，既有专门的创造力测试工具，也有基于观察的创造品质问卷。研究表明，创造力测试对某些品质的评估结果与现实中的创造性表现相当，但仍存在效度问题。因此，客观化的判断也许能测试部分能力和天性，但这种判断仍存在主观问题，并不完全适用于日常社会环境因素中对创造性思维的评价与判断。而采用主观评价时，当评判者声称某种东西或某种行为有创造性时，需要探讨的是成果的哪些特征会让他们做出相应的反应。

1. 对话与自我反思工具

这种工具较为常见，如班级讨论、小组互动、日记、技术发明、家庭作业或测验。同时，视频和音频等方式，能够为教师与儿童提供回顾过程、分析互动质量的机会。

2. 过程记录工具

比较典型的记录工具如档案袋。阿姆斯特朗（1994）认为，档案袋应根据所需要关注的学习目标进行聚集和组织，不应该也不需要事无巨细地收集。他提出了发展档案袋的5C，包括庆贺（Celebration），利用档案袋认识和证实儿童一年中的成果和成就；认知（Cognition），运用档案袋鼓励儿童反思他们自己的工作；交流（Communication），利用档案袋与家庭、管理者和同事交流儿童成长和进步的情况；合作（Cooperation），运用档案袋帮助小组完成共同的作品并评价他们自己的工作；能力（Competency），利用档案袋建立一组评价标准，将一个儿童与其他儿童的表现进行比较，或是与教师建立的基准标准进行比较。

3. 量化测量工具

量化测量工具的结果应该作为综合评价的一个指标，并依据此指标和其他评价一起综合分析儿童的发展潜力，从而更有效地开展教育活动，而不是对儿童的游戏、创造、天赋和才华下断语。它介于自由放任和完全控制两个极端之间，教师要找到一个平衡点，通过评价和反馈，提供改善、选择的空间，也鼓励儿童的自发活动。

（二）创造性思维测评工具

1. 托兰斯的学龄前儿童创造性评价

创造力研究的专家托兰斯教授提出了两种评价学前儿童创造性思维的方式：早慧的行为表现和创造性倾向的行为表现。其中早慧的标准主要集中于儿童对待周围事物强烈的好奇心、逻辑推理能力和观察力等方面。早慧主要指与同一环境中的同龄人相比，儿童能够表现出高成就或有着取得更高成就的潜能。托兰斯具体列举了一些具体的标准。关于强烈的好奇心方面的标准有：对事物有着广泛的兴趣，对某些事物更有着一种强烈的好奇心；能发现别人觉得不有趣的事情；能够沉浸到某一课题或某一问题之中；对许多"成人"的问题，诸如政治、性别、种族等都感兴趣。逻辑推理能力和观察力方面有：具有迅速领悟事物之间因果关系的能力；喜欢把事物、人、情境加以组织、结构化；具有敏锐的观察力。除此之外还具有不寻常的、超过这一年龄阶段水平的词汇量；在各方面都有广博的见闻；追求自我完善、能够自我批评。[①]

2. 罗伯特的创造性行为的确定

除了托兰斯根据在不同活动中的儿童的创造性表现来指导成人对儿童的创造性行为进行评价和培养外，罗伯特以华莱士的创造性解决问题的"准备阶段、酝酿阶段、明朗阶段和验证阶段"的四阶段论为基础，详细说明了幼儿的创造性行为：接触外部世界时勇于探索，充满好奇，即使受到挫折也不会长期沮丧，能够开放地接纳全新的感受信息和经验；意识敏锐机灵，寻找事物背后隐含的意义，辩证地比较想象和假设，思索现成答案以外的其他答案；兴趣爱好相对持久，独立实践，有目的性地生活；幻想自我实现和成功，尝试改造环境以达到有价值的目标，对未来充满希望；酝酿成熟思想之前，先经过一段时间的休息、娱乐、学习，获得充足的知识经验；创造性地认识世界，改变思想观念和情感期待，以一种全新的方式解决问题，豁然开朗地找到答案；灵感在集中精力思考之后突然迸现，解题思路逐渐清晰；获得必要的资源和信息后，经过艰苦不懈的努力，排除障碍，产生有活力的问题解决方案；通过自己检验和他人评价创造成果，发现缺点以进一步改进，

---

① 托兰斯,竺波.学龄前儿童创造性的评价[J].心理发展与教育,1986(01):5.

从而验证以前决策的价值。这几点主要从创造性行为的接触、意识、兴趣、幻想等方面说明了儿童创造力的发展和行为特征，教师和成人可以在日常生活中从这几方面对儿童的行为予以关注和培养。

3. Amabile 的 "同感评估技术"

美国哈佛大学的教授 Amabile（1982）提出主观评价法 "同感评估技术"（Consensus Assessment Technique，简称 CAT）。CAT 可用于对儿童的创造性作品进行评价，主要用于言语或语言、艺术或表演、具有多种解决方案的问题解决等有关的作品或反应的创造性评价。与言语或语言有关作品或反应，包括诗歌、故事或为图片定标题等；与艺术或表演有关的作品或反应，包括拼贴画、绘画（线条画、油画和素描等）、手工艺品和动作表演等；与问题解决有关的作品或反应，包括计算机编程、建筑设计等。

在心理学研究中，CAT 应用得最为广泛的是用于评价儿童言语创造力和艺术创造力。在对某个作品或某类作品进行评价时，首先要挑选熟悉相关领域的成员组织评价小组；其次要告诉评价者，应该确定好对作品的哪些方面进行评价；最后由评价者对所有被试的产品或反应作出独立评价。所有评价者根据自己对创造性的理解对作品或反应作出评价。通常有三种做法：第一种是按照作品所具有的创造性由高到低对所有作品进行排序；第二种是将所有作品分为五类，创造性很低、创造性稍低、无法判断、创造性稍高、创造性很高；第三种是采用 Likert 五点量表。采用 CAT 评价时，以下几点是非常重要的：评价者必须熟悉该领域，即有该领域的工作经验；所有评价者必须对作品进行独立评价；评价者必须先了解要评价的所有作品，然后根据作品的相对水平对创造性高低作出评价；评价时，应该以随机顺序评价作品。

（三）创造性思维测验工具

有关创造性思维的测验主要以发散性思维的测量为主。19 世纪末比奈和亨利在创造性的测验中主要以开放性的题目（测验题目无固定答案、有多种解决办法）为主，其编制的开放性测验在形式、内容、性质上都与现行的发散性思维测验基本相同。这种无固定答案、有多种解法的开放式方法来测量创造力逐渐被许多研究者接受。吉尔福特在研究创造力的测验时，他通过分析创造性成果产生过程中所必备的重要能力来开发测量创造性思维的工具，发现发散性思维在创造过程中扮演着重要的角色，并在 20 世纪 50 年代提出发散性思维是创造性思维的基础和核心。发散性思维逐渐成为创造性思维测量的核心，同时也使侧重发散性思维成为创造性思维的主要测试方式。[①]

适合于学前儿童及小学阶段的创造性思维的测量工具主要集中在以下几种。

1. 一物多用的任务测验

一物多用的任务测验（Alternate Use Task，简称 AUT）操作过程方便简单，使用范围较为广泛，与生活实际联系，不需要较高的认知水平且无需纸笔测验，因此适合于学前儿童及以上阶段。

吉尔福特等研究者在有关创造性思维的心理测量中明确提出，对一个问题产生许多不同但合理的解决方案的能力是创造性思维的一个重要方面。一物多用的任务就是在此基础上发展而来的，该测验是面对熟悉的物体，想出许多可能的用途。其本质就是对发散性思维的测试，它关注创造过程中发散性思维的作用，是发散性思维的测试原型，并为研究创造性思维提供了一个范式。

具体的测验内容、过程和评分方式如下。

测验物品：砖头、汽车轮胎、桶、铅笔、鞋和衣架这六类物品的图片。测验物品数量与种类可进行调整，一般为两个以上，主要为生活中常见的不同类别的物品。

测验过程：在进行测验之前研究人员先要给被试说明规则："你们现在需要为一些普通的物品创造出尽可能多的不同用途，这些用途不同于平常的用途。例如，报纸的一般用途是用来阅读，但它也可以用来打苍蝇、塞抽屉、做纸帽等等。我们有六个物品，每个物品你有三分钟的时间来说出这件物品的不同的用途。"在呈现每个物品的时候，测试者先要将物品的一般用途进行说明，之后再询问被试可是否还有其他不一样的用途。

评分方式：该发散性思维任务选取创造性的流畅性和独特性两个指标进行评价。流畅性指被试想出的答案的数量，以个数作为计分单位，有几

---

① 董奇 . 发散思维测验的发展与简评 [J]. 北京师范大学学报 .1985(01):23–28.

个答案流畅性为几分；独特性指新颖的、独特的和不寻常的想法。

后续独特性维度的评分在不同学者、不同计分方式的过程中不断完善。为追求操作简单快捷，并且排除那些古怪、荒诞、不合适的答案，以将创造性与随意性区分开来，评分方式从综合客观评价和主观评价相结合演变为整体评价，从自评和他评结合演变为多个他人评价取平均值，从将被试所有答案整理为答案库再进行加权评分改为等级制评分。

2. 梅德尼克远距离联想测验

梅德尼克的远距离联想测验（Remote Associates Test，简称 RAT）使用范围更加广泛，不受知识领域的限制，不受学历、年龄的限制，没有特殊技能的要求。但是该测验需要认识一定的字词，适用于小学以上的儿童。

远距离联想，即将个体面对的情境看作刺激，个体面对刺激产生的反应具有独特性的程度。具有创造性思维的个体面对刺激会产生与众不同的反应。那什么品质或能力会导致个体产生独特性的反应呢？梅德尼克认为是创造性个体的横向联想等级在起作用，拥有横向联想等级的人在需要发散性思维的情境中能够产生远距离联想。所谓横向联想等级，即对某一情境会产生多种反应，且没有一个反应能够占主导。这类人就更可能产生不同寻常的反应，能想到应对情境的新方式，会产生创造性的成果。

梅德尼克通过一定的题目来测量联想等级，从而确定个体的创造性思维，具体的测验内容和方法如下，为被试提供三个词语，要求被试说出与所提供的三个词语有联系的一个词，该词要与提供的三个词都能组成常用的词语，则词为正确答案。正确答案与所提供的三个词语有关联，但联系都不明显。要想出答案，必须跳出所提供三个词语的一般反应，跳到那些不寻常的反应上面来。例如，盐、深、沫三个词它的关联词为"海"；毯、眉、发三个词的关联词为"毛"。该测试方式可以是纸笔测验，也可以用电脑呈现。被试的得分为在限定的时间内，答对题目的或者是答对题目难度系数的和，每一套测验中题目数目和难度系数总和是相等的，最后的得分是解决出题目的难度系数总和的分数。[①]

---

① 王烨，余荣军，周晓林.创造性研究的有效工具——远距离联想测验 (RAT)[J].心理科学进展，2005,(06):734–738.

3. 沃利奇—凯根创造力测试

20 世纪 60 年代中期，沃利奇和凯根编制了侧重于联想方面的发散思维测验，该测验施测时无时间限制，以游戏形式组织，施测气氛轻松且没有知识水平的限制，因此适合于学前儿童及以上阶段。测验共五个项目，三项口头语言表达式测验和两项图形绘画测试。其中三项口头语言表达式测验包括列举、多种用途和找相似；两项图形绘画测试包括图形联想（图形解释）和线迹联想（线迹解释）。①

在测验过程中，这五个测验的时间没有严格的限制，每道题以儿童清楚地表示这个问题可以结束了为止。在正式测验之前，实验者需要讲清楚规则，需要幼儿动用以往经验并发挥想象力说出一些事物。进入正式测验后，被试依次进行三项口头语言表达式测验和两项图形绘画测试。

这五个测验的评分都是从创造性思维的流畅性和独特性两个维度进行评分。流畅性主要关注儿童在每道测验中所提出的想法的数量，每个测验中每道题目所提出的想法总数相加即为该测验的流畅性的得分。独特性主要关注答案的唯一性和独特性，在评分时需建立频率分配，对每道题中所做的每一个答案都要予以分析。关于频率分配可先将所有被试的答案形成一个答案库，再根据被试的答案出现的频率来打分。百分比小于 5% 的得分为 2 分，在 5%—10% 之间为 1 分，高于 10% 则为 0。独特性总分即为每道题目所得分数之和。

4. 托兰斯创造性思维测验

托兰斯在吉尔福特等研究智力结构理论中发展并编制了托兰斯创造思维测验（Torrance Tests of Creative Thinking，简称 TTCT），由于其测验以游戏形式进行，测量过程轻松愉快，被试乐于配合，因此适用范围广泛。

TTCT 包括词汇、图画和听力三部分。第一套词汇中创造性思维测验的测验内容共有七项：前三项为问与猜，主要是让被试根据主试提供的一幅图画提问并猜想，请被试提出所有能够想到的问题、发生事情的原因，并列举出能够想象的所有可能的结果；第四项为改进产品，要求被试根据一幅玩具大象的简图，说出能想象到的最巧妙、最有趣和最不寻常的

---

① 王灿明. 儿童创造心理发展引论 [M]. 北京：社会科学文献出版社,2005:9.

方法来改进这个玩具大象，以使玩具变得令人更喜欢玩；第五至七项分别为寻找普通物件的不寻常用处，对普通物件提出不寻常的问题，对不可能事件作合理的想象。以上七项测验均从创造力的流畅性、灵活性和独特性来计分。

第二套主要通过图画来测验创造性思维，该测验有三部分的内容：图画构成，要被试根据一片曲线形状的颜色纸来设计一幅画或一个物体，要求这幅画尽量新颖、与众不同；完成图画，在已有的几条线的基础上描绘出有趣的、其他人想不到的物体或图画；按要求作画，以成对的短竖线为基础，画出尽可能多的其他人想不出的图画。以上测验从流畅性、灵活性、独特性、精致性和抽象性来计分。

第三套是后来发展起来的，称作声音和语词的创造性思维测验，包括两项活动，均需要使用录音磁带提供指导和刺激。第一项活动为声音和想象测验，利用被试熟悉或不熟悉的声音作为刺激，测试被试的反应；第二项为象声词和想象测验，以象声词为刺激来测试被试想象的活动或事物。以上测验为言语性测验，从独特性维度进行计分。

已有研究表明，TTCT 的信度较好，但效度还不够理想，评分的客观性也不够，特别是对独创性的客观标准不易确定。目前 TTCT 在国外被广泛使用，我国主要使用上海师范大学的修订本。[①]

（四）创造性品质评价工具

有关创造性品质与创造性行为关系的测量工具常通过研究高创造性个人的特征，通常的做法是比较高创造者与普通人之间的创造性品质差异。通过筛选发现。适合于学前儿童及小学阶段的测量工具主要为以下几种。

1. 周林的创造力态度测量

周林根据 Schaefer（1971）的创造力态度测量（Creativity Attitude Survey，简称 CAS）工具做了标准化修订，考虑到儿童文字的理解能力，这一测量适用于小学 4—5 年级和初中 1—3 年级的学生。

创造力态度测量（CAS）包括 32 个陈述句，测量方式是让学生对每一个句子所表达内容表示自己同意或不同意的态度。周林作了适当修订，有

---

① 周家骥 . 心理测验分类介绍（六）[J]. 现代特殊教育 ,1996(05):19-20,15.

效题目共计30个，包括五方面的内容：C- 对自己观念的信心（11 个条目）、A- 对于新奇的欢欣（7 个条目）、T- 理论和审美倾向性（5 个条目）、O- 对于刺激性表达的接受（4 个条目）和 D- 向往新颖与不同（3 个条目）。对于 30 个有关创造力的陈述句内容，要求被试给出"赞同"或"反对"两种表达，并依照答案分别作出"1"或"0"两种计分。

2. Davis 与 Rimm 发现才能团体问卷

发现才能团体问卷（GIFT）是由 Rimm 和 Davis 分别于 1976 年和 1980 年研究出来的一种自陈式问卷，主要用来评价具有创造性潜能的小学生。它包括三个年级型，初级型用于一二年级，基本型用于三四年级，高级型用于五六年级。问卷形式简单，分别由 32、34 和 33 道是非题组成，其中部分题目在三个年级中可共用。GIFT 主要用来测量独立性、坚持性、变通性、好奇心、兴趣广度、过去的创造活动及爱好等。

（五）评价结果的使用

评价的结果主要用于教育者进行发现、诊断、调整过程等目的。记录儿童学什么的同时，要记录儿童怎么学。如轶事记录的三个目的，一是记录个体学生的成长，二是记录学生朝向课程目标的进步，三是评价学习活动的价值。

过于依赖与有形回报相连的竞赛性评价会减弱创造性（Fawson & Moore, 1999）。一是由于竞赛性评价可能会造成儿童的自我限制，为避免教师的否定性评价，儿童可能会选择一个较少创造性的反应来取悦老师；二是竞赛性评价削弱了儿童对内在奖赏的关注，因为当时儿童想赢的欲望压倒一切时，就不会沉浸于缓慢和细心的创造过程了（Joussemeng & Koestner, 1999）。而当与幼儿谈话交流结束后，教师应听取故事录音，将幼儿每次的故事记录好，为每位幼儿创建一个故事记录本，以便用来分析幼儿故事作品以及每一次活动结束后的进步表现。记录分析幼儿的故事是教师进一步了解幼儿内心世界的重要途径，随着每一次的故事记录，教师便能够更加清楚地了解幼儿的想法，了解他们的兴趣，这有利于接下来的师幼互动和活动展开。

实践篇

第五章
STEAM 项目活动对学前儿童创造性思维的培养

一、STEAM 教育的起源及特点

（一）STEAM 教育的起源

STEAM 是由科学（Science）、技术（Technology）、工程（Engineering）、艺术（Arts）与数学（Mathematics）等英文首字母缩写的组合，是在 STEM 教育的基础上发展完善而来的。

20 世纪 60 年代末，一方面由于受到二战后工业发展导致的环境问题日渐突出的社会矛盾的激发与影响，加之当时很多学者对科学技术的社会影响以及科技与社会关系的学术研究背景的促发，代表着科学（Science）、技术（Technology）与社会（Society）的 STS 顺势兴起。随着 STS 发展的深入与延伸，其日渐丰富的研究理论与经验显示，科学、技术与社会之间的复杂的关系，任何单一学科的理论方法都不能胜任，多学科的跨领域的合作与交流才是 STS 的关键。STS 致力于揭示科学技术对社会与人文的价值，关注的是科学技术的价值论问题，并在实践价值取向形成的基础上，技术服务与科学与社会的价值逐渐体现并促使了以 STEM 为代表的技术教育课程范式的形成。[①] 当然，STEM 的兴起并不是只受到这个背景与促发条件的影响，受到全球化经济的发展引发了全世界对高素质人才的关注与需求，

---

① 徐金雷，顾建军. 从 STEM 的变式透视技术教育价值取向的转变及回归 [J]. 教育研究 ,2017, 38(04):78–85.

为了实现经济增长，增强国际竞争力，应对未来高素质人才核心技能的需求，多元复合型的人才成为教育发展的共识与趋势。由此 STEM 的形成可谓是顺势而为，这也使得其一诞生就备受瞩目。

STEM 教育强调以具体的项目或者问题为中心，创设学习情境与真实世界的联系，通过跨学科间的整合，主张项目学习来获取知识技能，在项目实践中培养学生的创新能力与问题解决能力。然而，随着 STEM 教育的发展，不少学者发现 STEM 教育更多地倾向理工科融合，在人文艺术方面存在一定的缺乏，这不仅降低了 STEM 教育的趣味性，并且不利于实现人的全面发展。由此，在 STEM 教育中融入人文艺术教育的呼声越来越高，逐渐促进了 STEM 教育的人文转向。在 2006 年，美国 Yakman 教授首次提出将艺术（Arts）学科与 STEM 原有四个学科进行融合，由此形成 STEAM 教育。STEAM 教育是"STEM+A"模式，"A"的加入使"Arts"突破狭义层次的艺术，它还涵盖美学、人文、语言、形体等内容。一方面可以在当前各级各类学校对创新能力进行呼吁的时候，这些视觉艺术、音乐、美学等课程对于学生创造力的培养能够起到更大的作用；另一方面，STEM 主要是理工科的融合，人文艺术的加入，扩大了 STEM 教育与现实世界的相关性，其内在的美学价值可以激发学生通过情感接触，在想象和情感的基础上，创造性地发展他们的科学思维。这是 STEAM 教育比 STEM 教育所能带来的新的优势，也是对人文素养呼声日益高涨的客观现实的回应。

（二）STEAM 项目活动的特点

1. 整合性是 STEAM 项目活动最根本的属性

在 STEAM 项目活动的基本特点中，"交叉""整合""跨学科"等关联术语经常出现，这也是与传统单一学科教育中的局限性和相对封闭性等特点的本质性区别的体现。

它不着重于某个学科，而是关注真实情境中的某个特定问题，强调跨越学科界限，运用科学、技术、工程、艺术、数学等多学科知识经验去解决问题，打破各学科中对知识学习割裂的壁垒，将各学科内在联结为一股动态的合力，帮助学习者解决问题。STEAM 教育中，基于问题和项目的教学模式通常将学习者置于工程问题的情境下，在这个过程中，学生需要将各个学科碎片化的知识进行统整运用，形成有机的、融合的、相互联系的整体，以此来达到解决问题的目的，而不是仅仅依靠某一个学科就能实现问题的解决，实现各学科间的深入整合。

2. 聚焦真实问题情境是 STEAM 项目活动最突出的特点

STEAM 教育面向生活中的实际问题，以解决现实生活中存在的问题为主要任务，因此基于问题（Problem-Based Learning）或基于项目（Project-Based Learning）的教学模式是开展 STEAM 教育教学活动最主要的方式。基于问题或基于项目的教学模式通常将学习者置于工程问题的情境下，通过任务活动撬动学生的兴趣与学习动机，帮助学生在基于项目或基于问题的学习方式中通过科学探究、技术操作、工程设计、艺术体现、数学运用等方式参与到解决问题与创新实践的活动过程中，完成作品，实现问题解决能力与创造力的发展。这是一个不断迭代的过程，区别于科学探究，通常用于对世界进行可测试的解释和预测。工程设计通常用于制定问题的解决方案，因而工程设计流程在 STEAM 教育教学活动中常起到关键作用。

3. 协作与开放是 STEAM 项目活动最有效的形式

以"情境、协作、会话、意义建构"为四大核心要素的建构主义学习理论，与"做中学"理论同是 STEAM 教育的主要理论基础。它们都强调了以学习者为中心，重视学生在协作学习中通过亲身体验、动手操作，积极主动去创造、设计，合作地解决问题，实现新概念、新技能的建构与学习。在此理论基础上，STEAM 项目活动十分重视以学习者协作学习的方式进行开放式的探索活动。小组协作的学习方式不仅能够帮助个人突破思维定式，实现思想的碰撞，为工程设计的推进与验证其可行性提供开放式探究的空间，还可以激发学生的兴趣与热情，培养学生的创新能力和协作交流能力。

除了以上提到的 STEAM 项目活动的主要特点外，STEAM 项目活动还有趣味性、体验性、艺术性、实证性、技术增强性等其他特点，这是基于它本身是一个动态发展的过程。

二、STEAM 项目活动之于学前儿童创造性思维培养的价值

（一）STEAM 教育特征的内源性动力优势

STEAM 教育内在特征为创造性思维的发展提供了源源不断的内在动

力，这主要体现在两个方面。

其一，STEAM 教育促进了个体在创造性思维发展中良好的个性品质的发展。个性品质作为创造性人格的内在结构，能够显著预测和影响创造性思维的发展。[1] 具体来说，良好的创造性品质包含了新异性、独立性、成就感、合作性、自信心、敏感性、好奇心、审美性和幽默感。[2]STEAM 教育的跨学科性、体验性、情境性、设计性等特点对学生创造性品质的培养有重要支持作用。首先，STEAM 教育基于真实情境，促使学生通过整合科学、工程等多学科知识来创造性地解决真实问题，帮助学生建构更加全面、系统的知识体系。这可以提高学习者对知识的灵活运用，以更加开放、富有想象性的思维方式解决问题，使学生学会从系统视角认识世界。从广义的文化角度看，STEAM 的跨学科特点赋予其多元文化的独特体现，帮助学生构建多重经验的积累。这可以提高个体自身思维的灵活性，通过增强不同观念间的联想意识，克服功能固着，对创造力有重要的促进作用。[3] 其次，STEAM 教育常常基于问题或项目的方式开展活动，在设计思维的牵引下促进知识融合与迁移应用，激发学生动机，保持学习好奇心，有助于学生找到问题解决的新办法或创造知识。

其二，STEAM 教育的内在特征是实现有效的创造性思维培养和训练策略的一方沃土。创造性思维的培养常通过头脑风暴法、横向思维训练法，创设问题情境，激发学生兴趣。STEAM 教育的项目性、体验性、设计性、情境性等特征可以为创造性思维的训练与培养策略的实现提供良性条件。首先，项目式学习能引导学生在 STEAM 活动中通过联想或联结原有经验等产生多种想法或灵感，促进创造性思维的发生。其次，STEAM 的体验性给予学生在动手操作的过程中，通过主动探究，建构新的知识经验，并在记忆的提取和经验的思考与顿悟中萌发新的想法。最后，项目活动中的工程设计过程迭代性与互动性的特点要求小组成员参与头脑风暴与协作，个体间的认知差异有利于创造性思维的产生。

① 李学书,陈小芳.话语·文本·社会效应:美国 STEM 教育政策探析[J].教育理论与实践,2018,38(25):9-13.
② 刘文,齐璐.幼儿的创造性人格研究[J].心理研究,2008,1(02):21-26.
③ 贾绪计,林崇德创造力研究:心理学领域的四种取向[J].北京师范大学学报(社会科学版),2014(01):61-67.

（二）STEAM 环境与资源的生态性驱动优势

首先，STEAM 活动中教师以引导者、支持者、协调者的身份进行教学活动，通过具有开放性、探究性的学习内容引导学生进行启发性学习，营造创造性的课堂氛围。其次，STEAM 活动强调以学习者为中心，采用小组合作探究的协作方式，帮助学习者在活动过程中实现思想上火花的碰撞，帮助他们建构群体性知识，发展创造性思维。最后，STEAM 教育的体验性对丰富且多样化的教学资源有所要求。STEAM 活动是学习者与周边世界的一种交互活动，这不仅涉及师生、生生间的沟通互动，也离不开环境与教学资源的支持。STEAM 活动在与人、与物的交际交互过程中完成探索，即协调创新主体、行为和结果间的关系，促进创造性思维的流畅性、独创性、精致性等多方面的发展。

（三）STEAM 项目活动的多元开放性优势

从 STEAM 项目活动的孵化与实施过程来看，其活动设计、教学方式、活动评价均具有开放性、多元化的特点。基于问题和项目的学习中多采用工程设计的流程，学习者在问题识别、调查研究、获取概念、分析想法、建立模型、测试优化、展示交流的基本环节中，需要经历循环迭代的过程，这不仅能够有效驱动思维的发散和聚合，从而产生创造性思维，而且还能促进共同协作、头脑风暴，实现观念的碰撞。这都有利于发展儿童的创造性思维。

其中，STEAM 项目活动设计多样化的、不受局限的创造性活动设计、创造性教学方式可以为创造性思维的发展提供有效路径，而多元化的评价方式也有利于全面评估创造性思维的发展水平。STEAM 项目活动以解决真实情境的问题为主线，连接科学、技术、工程和数学等概念的学习和应用，强调运用科学探究对客观事物和现象进行探索和质疑，强化工程制作和创意设计，以进行产品或作品的开发，幼儿在解决问题的过程中同样也提升了创造性思维。在评价中，STEAM 的评价以教师为主，鼓励幼儿参与，既有量化评价也有质性研究，既关注学生在活动中的结果输出，更关注学生的创造性过程表现。这些多元开放的形式，为创造性思维的发展提供了更大的可能性。

三、促进创造性思维培养的 STEAM 项目活动设计与实施

（一）主题的选择

主题的来源很多，但要结合 STEAM 教育跨学科整合性的特点来进行主题的选择，以此来满足其最终的目标指向及价值所在。STEAM 活动主题的来源有以下几种方式：一是基于《3—6 岁儿童学习与发展指南》和相关文件中所提出的指导要求；二是基于儿童日常生活中的真实问题；三是基于幼儿的兴趣、生活经验。

1. 基于《3—6 岁儿童学习与发展指南》和相关文件中所提出的指导要求

《3—6 岁儿童学习与发展指南》中与 STEAM 教育相关度较大的课程载体是科学教育，但又不仅仅是科学教育，如语言领域教育、艺术领域教育都与 STEAM 项目紧密相关。如有的课程内容引入工程设计及技术等相关课程，具体包括以下四大领域：物理科学；生命科学；地球、空间科学；应用科学、科技、工程等相关领域。

从主题的领域来看，涉及 STEAM 的各个学科、各个领域。项目活动中有"建造工程"等以技术与科学运用为内容的主题，有"简单机械""光与影"等以物理科学为内容的主题，还有涉及 STEAM 各个领域知识与内容运用的综合性思维训练的主题，这些都为 STEAM 活动主题的选择与确定提供了一定的确立依据与借鉴的经验。

2. 基于儿童日常生活中的真实问题

STEAM 项目活动强调问题情境，要求学习者运用已有知识去解决问题，发展问题解决的能力。考虑到学前儿童正处于认知发展的特殊阶段，幼儿抽象思维能力到了大班才初步萌芽，不能实现抽象概念层面的理解，所以幼儿 STEAM 教育主题的选择上需要借助更为直观的媒介来理解抽象的概念，这就意味着 STEAM 活动要聚焦真实的情境和问题，从幼儿实际生活中常见的、熟悉的内容出发进行选择，并依据主题的确定进行任务设计。如"建造停车场""建造遮阳装置""农场保护装置""菜地自动浇水设备"等多个主题都来源于真实的生活和真实的问题情境。

3. 基于幼儿生活经验和兴趣

幼儿有着自己感兴趣的事物，教师必须关注幼儿的想法与兴趣，扮演

好发现者和倾听者的角色，发现幼儿有价值的行为与想法，在挖掘幼儿兴趣点的基础上确立主题。比如幼儿园中有一处低矮的斜坡，大一点的孩子会踩着平衡车试着在不同的位置尝试滑行，比较谁能滑得更快一点。这个案例中，幼儿对平衡车在不同的平面上、斜面上滑行的速度不同产生兴趣而引发探究行为。这告诉我们，内部动机促发的有利条件是"符合幼儿的兴趣点"，而幼儿的兴趣点是主题确立的关键所在。

（二）STEAM 项目活动材料的投放

皮亚杰曾经说过："儿童的智慧来源于操作。"而操作的实现要借助于材料，幼儿在与材料的互动过程中主动建构起自身的认知经验。《幼儿园教育指导纲要（试行）》中也指出："幼儿园的活动材料应有利于引发、支持幼儿的游戏和各种探索活动，有利于引发、支持幼儿与周围环境之间积极的相互作用。"可见，要让幼儿像科学家、工程师一样思考并创造，材料是幼儿实现探索、求知的重要物质载体。

1. STEAM 活动材料投放原则

通常认为那些有着固定用途或是单一用途的材料，更多的是产生聚敛性思维。幼儿在使用这些材料的过程中，只能根据他们仅有的一些用途去使用，材料的使用方式难以实现开放性、多样化、组合性的使用。而那些具有开放性使用方式的材料，用途多样，如一些低结构化材料中的瓶子、泡沫、纸质类材料，多数被认为具有发散思维的特点。这种思维能够帮助幼儿实现有效的探究，促进问题解决能力及创造性思维的发展。

（1）开放性的材料使用方式

低结构化材料属于发散性思维材料。在材料的投放中，低结构化材料的趣味性及玩法的开放性可以促使儿童结合自身的能力自由摆弄材料，有助于学前儿童创造性思维的发展。这是因为在选择低结构化材料进行作品创作的时候，玩法更为开放、灵活多样，幼儿能够自主自由地操作材料，发散思维、乐在其中。

（2）材料具备探究可能性

在"斜坡大竞速"活动中，主要材料的投放除了幼儿园常见的废旧材料硬纸板、牛奶瓶、瓶盖等材料外，还可以使用气泡膜、铝箔纸、瓦楞纸、塑料薄膜、毛巾、KT 板、小木块等多样化的发散性思维材料，这些材料的投放能够迅速捕捉幼儿的视线，幼儿通过触摸、把玩、摆弄、揉捏等各种行为来观察探究材料，探索行为明显增多。而如果教师只是投放用途特点单一的材料，幼儿很快掌握材料特点之后，将很难出现探索行为。

（3）材料的使用不设定评价标准

每个幼儿都是活动中的主体，他们可以自主自由地选择自己需要的材料，并进行各种探索和想象的运用，教师或其他同伴不去评判其材料使用中的正确与否，这能够最大程度地尊重幼儿的自信心和自尊心，让幼儿在安全感十足的环境中实现思维流畅性、独创性的发展与输出。

2. STEAM 项目活动常见投放材料类型

STEAM 活动材料的选择要根据其性质、使用目的、涉及的领域进行投放。因此，我们将从科学原理类材料、建构性积木材料、探究类工具、制作类工具与材料、数字化与人工智能化技术材料五大类材料的投放角度出发，在材料中渗透 STEAM 元素，以便支持 STEAM 项目活动的顺利开展。

（1）科学原理类材料

此类材料包括磁铁、电、光、声音、简单机械（杠杆类简单机械与斜面类简单机械）。以上这些材料与教具都是与科学原理相关的，其中会涉及科学探究、制作搭建、组装完成某件作品或产生某一效果等，与 STEAM 对于资源的利用与产出有着很紧密的联结，是不错的 STEAM 材料与教具。还有些市场中常见的乐高积木套装，其中既包含了建构积木，也有齿轮、轮轴、滑轮、杠杆等玩教具，可以实现诸如红旗升降台、挖掘机等具有输送、节力等功能的载物结构，这都需要幼儿结合科学探究和工程设计来完成作品。

从投放的空间来看，材料既可以放在桌面、地板上进行，也可以安装在墙面和各类柜面，从而达到帮助幼儿实现探究、创意制作和组装的目的。

从玩法来看，幼儿可以通过组合材料的使用来实现 STEAM 关键经验的获得，在此过程中，也能通过"一物多用""变幻组合"来提升创造性思维水平。如建构材料积木与磁铁结合所创作的磁力建构片或建构棒，能够从实现平面造型到立体结构的转变，幼儿对关于"立体"的几何图形的概念获得初步的认知，空间知觉得以直观性、具体性的发展。

（2）建构性积木材料

建构性积木材料的种类繁多，诸如单位积木、乐高积木、空心积木、磁性积木等等，这些材质、款式多元化的积木可以在桌面上或是地面上进行拼接、套盒、镶嵌、围合、垒高、平铺等多种方式的操作，可以实现幼儿对"技术"的体验与操作；在进行"技术"运用中，能产出"桥梁""飞机""船舶"等各种各样的产品，能够感受"工程"的过程与快乐；在工程设计中，需要结合积木的长度、数量，这是"数学思维"的输出与体现；在搭建过程中，需要考虑力的稳固性、平衡性、承重性能等，与"科学"原理息息相关；关于搭建物结构的设计与创作，诸如颜色、层次、大小等细节的丰富，传递出美感的呈现，则是"艺术"的传达。因此，建构性积木材料对于 STEAM 活动的开展有着积极的价值体现。

（3）探究类工具

1）一般性探究工具

常见的探究性工具有利于幼儿进行科学探究，在探究中进行观察、比较、沟通与验证等。这其中包含了观察工具（放大镜、手电筒、听诊器）、各测量工具（尺子、天平、温度计、漏斗、滴管）等。

2）融合了数字化技术的探究工具

计算机、手机、平板电脑是常见的技术工具。例如，在"会画画的机器人"一活动中，幼儿对于机器人的认知就停留在和人差不多的形态中，无法体现出其创意制作，因此可以运用平板电脑找出能够体现创意的机器人设计模型，以促发其思维的流畅性和独特性。再如，手机 APP 的扫物识别功能可以帮助幼儿通过自身的问题解决能力认识某个不知名的物体，这是技术工具的使用带来的便利。我们可以尝试在幼儿园班级教室投放一定数量的融合了数字化技术的探究工具，以此来支持幼儿的 STEAM 学习。

（4）制作类工具与材料

1）制作类工具

室内环境中，常见到的制作类的工具大致有剪刀、透明胶、双面胶等，还有诸如胶枪、滑轮、手摇钻、护目镜等工具，此外，3D 打印笔也可以简单制作出各种立体实物，在 STEAM 活动中常常被使用。

2）制作类材料

一般性材料如黏土、各类纸张材料、各类布艺材料等，支持工程项目活动完成的木板、木条、木块、牙签、铁片等。

废旧物品回收材料在我们的生活中随处可见，可以通过回收利用来支持 STEAM 活动。这一类材料主要是有纸杯、纸盘、卷纸筒、硬纸板、纸箱、各类水瓶、牛奶瓶、铝罐、线绳、竹签、塑料桶、较为零碎的布料、吸管等等，可以一物多用，创作不同的作品或用于支持问题的解决。

日常使用的天然材料贴近幼儿生活，帮助幼儿在与自然亲近的过程中自然而然地产生发散性思维。这类材料来源于自然，如树枝、树叶、鹅卵石、松果、沙石、泥土、水等。这类材料普遍结构化低，有着更为灵活开放的使用方式，玩法多样，为幼儿提供了一定的挑战。

（5）数字化与人工智能化技术材料

数字技术与人工智能化技术为我们的生活带来了既便捷又独特的体验。我们可以对几种适合幼儿认知特点与学习方式的技术工具进行了解，并以此思考它们在 STEAM 教学资源中的迁移与运用。

1）编程类玩具

少儿编程可以非常好地融合数学、科学、艺术、游戏等，作为一种思维工具，能够帮助不同的孩子在各自感兴趣的领域迸发出无穷的创造力。

2）AR 类插电材料与玩教具

在 STEAM 活动中，比较常见的有具有扩增实境（Augmented Reality，简称 AR）原理的产品，如 3D 打印笔。这类材料或是玩教具能够通过虚拟的空间场域帮助儿童以"身临其境"的方式去感受事物，体验事物的特点并进行操作。教师可以通过 3D 打印笔的运用来解决幼儿活动中的问题，如打印需要入住动物园中的动物、高塔的塔顶，这些都是借助了"技术"手段来实现的工程建造，有利于幼儿 STEAM 相关的经验的积累。

3.教师在材料支持中的角色

作为材料的主要提供者，教师在提供材料支持时，需要考虑以下几点。

（1）材料要能够满足幼儿的探究兴趣

兴趣是最好的老师，能够促发幼儿对事物产生好奇心与探究欲，激发他们热衷于接触事物和参与活动的积极性。只有以幼儿主体的兴趣作为

STEAM 活动材料投放和使用的前提，才能增加幼儿与材料之间的有效互动。STEAM 活动强调跨领域的融合，在材料的投放中，仅仅依靠单一的材料无法满足 STEAM 活动进行的要求及目标的实现，因此在投放中要考虑到材料投放的多个特点，来满足幼儿的探究兴趣。

（2）必要时示范开放式材料的用法

学前儿童好奇好问，想象力丰富，要鼓励他们使用低结构化、开放性的材料。例如教师在活动中初次引入泡沫球，通过粘贴、拼接、组合、描绘等各种方式构建一个立体的机器人身体，并说："看，这是我的机器人身体！"随后，教师要撤出参与者与示范者的身份。

（3）开放自由选材的权限

以开放的方式呈现材料，是指教师根据活动内容与目标的设定，结合幼儿的兴趣因地制宜地进行选材后，在呈现方式上的开放。这种方式有利于给幼儿提供一个宽松的材料选择环境，支持幼儿依据自己的意向和兴趣选择材料，符合 STEAM 教育重探究而非寻求单一的标准化答案的目标指向，有利于幼儿发散思维、创造想象。

（4）鼓励幼儿提供材料和参与选材

幼儿是活动的主体，在选择材料的过程中，教师要适当地放权，让幼儿提供材料和参与选材。这既能够符合幼儿的"主人翁"地位，也能实现兴趣性材料的选择，还能帮助幼儿在选择中，通过多感官的参与、多项思维的调动来认识材料、分析材料，有利于实现幼儿对材料的开放性使用。

（5）拓展材料来源渠道

材料既可以是来源于购买，也可以是来源于生活中的废旧材料的收集，还可以发动家长、社区等多个群体的收集。

（三）STEAM 项目活动环境的创设

环境是教学过程中的重要资源，对于 STEAM 活动实施效果有着重要作用，教师不能将幼儿的自主探究理解为对幼儿的彻底放手，而是要在为幼儿创设良好环境的基础上为他们的学习提供适宜的支持。因此，在 STEAM 教育环境的创设中，教师应该综合考虑幼儿认知特点和 STEAM 活动的项目式学习特点，设计对创造性思维发展有着支持作用的 STEAM 教育环境。这里的教育环境是指在幼儿园中支持幼儿 STEAM 活动开展所提供的一切条件，包括物理环境与心理环境。

物理环境包括室内环境与室外环境。室内环境主要是幼儿园园内的教室空间和以走廊、转角等为代表的零散分布的交通空间的环境。室外环境指的是一切能够或可能支持 STEAM 活动进行的空间或设施。心理环境是指某一时刻与个体有关的所有心理上的环境因素。良好的心理环境能使幼儿产生积极愉悦的情绪，有助于幼儿思维的活跃，决定着儿童的创造能力、应变能力等能否有效的形成。

1. STEAM 项目活动背景下的物质环境

（1）室内环境

STEAM 教育活动中的室内环境是以幼儿园教室环境为主要载体的学习空间。

1）STEAM 学习空间的创设

①以教室为依托的正式的 STEAM 学习空间的布局

学习空间是教与学活动发生的场所。一个良好的且能够支持活动有效进行的空间设计应该要根据新的学习方式、课程体系的变化及由此发生的一切组织与管理的变化进行更新、调整与优化。而教室作为实施幼儿活动的最基础的物质条件，具有柔和、开放、繁而不杂、融合性和一定的冒险性等关键特征。因此，合适的 STEAM 教室环境将有助于幼儿创造性思维的发展。

常规化的幼儿教室环境中，常以区域进行划分，如阅读区、表演区、美工区、建构区、科学区等多个区域，条件较好的还设有种植区、木工区等特色活动室。STEAM 项目活动的跨学科性、项目性、艺术性、设计性等多个核心特征对能够促进幼儿创造性思维发展的教室环境提出了新的要求。

在考虑到 STEAM 教室环境的创设中，我们首先要想到的是空间的布局方式对幼儿 STEAM 活动的影响。对比常规化教室环境，创造性教室环境通常具备以下特征：具有开放性、灵活性，如能够根据课程教学内容的需要使用空间以及相互之间的联系布局；考虑 STEAM 教育跨学科性的特点，合理布局，具有较高使用率，易于管理；具有可变性，能够根据需要简单设置，易于调整；光线柔和，空气流通。

在教室环境中依托区域活动中来展开 STEAM 教育的做法得到了很多人的认同，尤其提倡以建构区、科学区为中心来设立 STEAM 学习中心的做法。教师可以以建构区为中心，依次布置科学区、美工区、展示区、阅读区等，在教室的中间设置以教师为主导的中控调节区，配备可移动白板和电子屏幕辅助教学。在一些涉及信息技术如 AR 技术等的 STEAM 项目，还可以根据幼儿在教室中的位置不同，配备不同方向的屏幕，便于教师演示和师幼交流。

除此之外，教室内还应配备操作台、展示柜等，这既可以支持幼儿进行实验、项目式学习、探究活动等，也可以作为区域间的隔断设施，简单灵活、易于调整。有条件的教室还可增设一个移动操作台，便于老师灵活使用，方便向幼儿展示。

另外，融合性的 STEAM 教学资源室是有必要的。幼儿园的美工室、科创室、阅读室通常是单独划分设立的，幼儿在 STEAM 项目活动中要获得活动材料与资源，需要在各区走动，STEAM 活动不能很好地开展。因此，设立融合各个活动区域材料与资源的 STEAM 资源空间，能够更好地服务幼儿的成长，为他们自主、合作、探究学习提供良好的环境。

幼儿园的区角环境是多元的，各园各班可以根据实际场所的整体空间状况、幼儿的年龄班级与班级人数、STEAM 课程的目标、经费与人力物力资源等进行调整。总之，教师在结合以上设计要点进行考虑的同时也要考虑各班的实际状况，做好 STEAM 学习空间的整体规划。

②走廊、过道等非正式的 STEAM 学习空间的创建

非正式学习的空间常常是指在各班教室外但在整个建筑物内的区域，往往具有灵活性、随机性，和所处的环境联系紧密，且没有强制性的评判标准。其特点有，常基于交通空间，如走廊、过道、转角、门厅等进行创设；具有趣味性、灵动性，打破了原有空间的封闭性和单调感；能够支持幼儿瞬时性、互动性的非正式学习行为。

在室内环境中，我们可以通过打通教室环境与非正式环境中交通空间的隔断来实现小型灵活 STEAM 学习空间的创建。STEAM 学习空间的规划，除了要温馨美观、多元变化、健康安全外，还要具有吸引力，能够促发幼儿的内在动机，去探索、创造。例如，走廊设立作品展示区，可用于放置幼儿创作的作品；走廊的天花板设计为手绘星空，体现艺术美感的深蓝色会给师幼带来美妙的情境化体验；转角处的墙面上安装塑料管道制成的凹槽坡道，

帮助幼儿感受管道倾斜度、轨迹速度与球的类型及大小之间的关系；走廊的墙面上投放关于声、光、电、磁、力等各主题的操作墙；门厅这个标识性强的交通空间可以作为中心展览区、VR 技术体验区等灵活的设置，让幼儿感受技术工具与科学社会相结合的独特魅力。

（2）户外环境

从幼儿园户外环境的内涵来看，幼儿园户外空间是指在幼儿园中但又在幼儿园建筑以外，与建筑物内部空间相对应的空间形态，一般是由校舍、校园、运动场及其附属设施组合而成的"点、线、面、体"的环境。户外环境是支持 STEAM 教育活动有效进行的"第二课堂"。一个能够吸引幼儿参与的户外环境可以激发幼儿的创造性思维，培养想象力。户外环境的设计多从安全性、自然性、可变性、挑战性、趣味性、探索性等特点出发进行设计；从幼儿园户外环境的设施物（人造设施或自然物）着手，寻找其创设的可能性，帮助幼儿与环境能够产生更多的互动。

户外环境作为奠定幼儿发展与学习的基础场所，是重要的课程实施载体，其功能承载了 STEAM 教育活动的实施效果。区别于常规化的幼儿园户外环境，STEAM 教育活动所需要的户外环境应是一种项目活动背景下的工程环境，这个环境中应配备能够激发幼儿灵感的材料。另外，幼儿在STEAM 项目活动中的行为与表现最终脱离不了游戏行为的核心价值所在。为了培养这些行为，在设计 STEAM 户外环境时，我们要考虑到户外环境设计的一些基本原则，如安全性、趣味性、挑战性、探索性、自然性、可变性等，还要考虑到设备与材料的美学价值、真实性、动态性、实践性等理念的渗透。

1）含自然元素的环境

自然环境对儿童发展之效益的相关研究证实，幼儿接触自然元素、体验自然环境，不仅可以平稳情绪、增加注意力、促进儿童认知及平衡协调能力的发展，而且能够促进社会互动、提高儿童与成人接触的频率、促进人际关系、增进创造力及组织能力等。

阳光、空气、水、土、沙、动植物都是大自然最宝贵的馈赠，也是非常适用于进行探索、建构、游戏的自然元素，与 STEAM 教育活动能进行紧密的联结。例如，如何运用沙土建立稳固的沙堡？如何运用木材帮助小兔子建筑小木屋？如何将水运至蓄水池？如何将东西省力地运到高高的土坡上？这些都是需要运用自然元素，沙坑、土丘、水道、泥石这些探索区域的存在为 STEAM 项目活动的实施提供了基础条件。

另外，自然物种类繁多，树枝、鹅卵石、松果、贝壳、橡子、砂土、树叶等都可以在户外环境中找到，树枝、泥土、砂石可以搭建小屋，鹅卵石可以铺成垫脚石路。

2）人造环境

具有人工特征元素的人造环境能够促发幼儿更多地进行想象性和创造性活动。在 STEAM 教育的户外环境中，我们要考虑到 STEAM 元素与环境的天然连接，不仅需要安全可变，也要兼顾美学、真实性、实践性、动态性等特征，让人造环境中设备与材料的投放能够促进幼儿批判性反思能力、问题解决能力与创造性思维的发展。

户外环境的创设可以像室内环境的创建一样，形成一些明确的学习区域。考虑到 STEAM 教育活动的跨学科性、体验性、真实性、工程性等特点，可以设立综合游戏体验区（沙水区、泥石区、涂鸦区、运动区、音乐体验区等），观察感知区（种植区、饲养区、触摸墙、鹅卵石小路等），创意建构区等区域。具体的区域设定依据幼儿园空间、经费与需求而定。在户外环境的规划中，要重视安全维护，考虑整体性多元区域规划，重视环境中自然元素与人造物元素的连结，创设具有挑战性、可变性的弹性空间。

3）教师在支持性户外环境创设中的作用

教师在进行 STEAM 教育的支持性户外环境创设中，可以从以下几个方面进行探索与思考：环境的创设要满足儿童身体、社会、认知和情感发展需要；环境的创设与规划要鼓励师生共同参与，充分发挥幼儿的主观能动性；关注环境创设的美感呈现，对幼儿具有足够吸引力；保证户外空间的安全性和可接近性，幼儿能够易于开展活动与合作；选择能够支持 STEAM 活动和基于游戏学习的开放性设备与材料。

2. 项目活动背景下 STEAM 教育的心理环境

心理环境中包括与人有关的教师态度、同伴关系、课堂气氛等。表 5.1 列出了影响幼儿创造性思维发展的高质量心理环境的关键特征。

表 5.1　创造性环境具备的特征体现

教师态度	关心尊重幼儿，对幼儿抱有期望，给予理解和自由自主的权利 树立并践行民主、平等的师幼关系，低控制 坚持灵活、适应、客观、科学的"整合性"课堂行为 关注幼儿兴趣，接受不同的思想 关注活动空间的美感呈现与创设
同伴关系	融洽、和睦、平等 合作意识与行为的体现 尊重个体创造力的表现与交流 愿意冒险并尝试一起挑战
课堂氛围	轻松愉快，参与度高 具有支持与开放 师幼互动融洽，同伴交往亲密

　　研究表明，民主型的教师行为有助于学生创造力的发展。这类教师的态度通常是给学生选择的自由，促进学生自信心的建立，尊重学生，不强制学生，给学生发掘自己创造力的机会。另外，融洽的师生关系和尊重个性的同伴关系将促使学生更多地表达创意。[①] 这是因为良好的同伴关系有助于促进学生形成积极的行为表现，增进相互的交流合作，促进亲社会行为的出现。在师生关系融洽，气氛轻松愉快的课堂中，学生学习情绪高，对知识信息的感受性高，反应敏捷，思维活跃；反之，在紧张、压抑的课堂气氛下，学生情绪激动不安，茫然不知所措，理智活动下降，机械、重复、混乱反应增多，极大抑制了创造力的发挥。[②] 因此具有这些良好氛围的"支持性"学习环境会使学生体验到积极的情感和行为认知，从而能促进创造性行为的表达。

（四）STEAM 项目活动中的师幼互动

　　有效的师幼互动能够帮助幼儿增加思考的目的性，提高探究的有意性，从而建构起知识经验。师幼互动是在教师和幼儿之间发生的各种形式、各种性质和各种程度的相互作用和影响，是一种特殊的人际互动，其互动主体是教师和幼儿，双方在互动中同等重要。[③] 不同的互动类型对教师与幼儿

① 程黎，冯超，刘玉娟.课堂环境与中小学生创造力发展——穆斯（MOOS）社会环境理论在课堂环境中的解读 [J].比较教育研究，2013,35(04):71–75.
② 张文新，谷传华，王美萍.中小学生创造力发展 [M].北京：华艺出版社，1999:147–148.
③ 朱海燕.区域活动中的师幼互动 [J].教育教学论坛,2012(增刊 1):260–261.

的相处都赋予了不同的要求，也影响着培养幼儿创造性思维、表达的典型行为和心理状态。

从师幼互动的实施过程来说，教师扮演着三种角色。

（1）创设问题情境的计划者

STEAM 教育活动强调真实问题的情境，要求任务者根据问题制定目标，以小组合作的方式去解决问题，提升问题解决能力与创造性思维，这也就对教师设立的问题结构的质量提出了要求。教师要精心创设"问题"情境，不断激发幼儿提出各种疑问，并促使其对问题进行探索。

（2）开放、自由环境中的支持者

常见的师幼类型有三种，专制型、放任型和民主型，其中民主型的师幼互动能够为幼儿的创造性思维提供一个宽松愉快的心理环境。STEAM 教育鼓励幼儿在自由的探索中寻找解决问题的办法。教师在 STEAM 活动中为幼儿提供开放自由的环境，为有效的师幼互动提供更多的可能性。

STEAM 工程设计中，活动的第一个环节"识别问题"通常由教师引导出问题，幼儿自由地进行回应，提出自己的看法和疑问。不同于其他活动的是，在 STEAM 活动中，教师不会将问题的答案直接告知幼儿，而是通过给予幼儿思考与表达交流的空间来解决问题。在开放自由的环境中，幼儿成为问题的发现者与探寻者，教师仅仅是支持者与陪伴者，师幼互动更加真实、自由。

（3）问题回应的应答者

在 STEAM 活动中，教师的提问、建议以及帮助同伴间进行顺利的合作都是回应幼儿的方式。有价值的提问或回应能够促进师幼的互动交流，因此教师应注重以问促思考、以问促改进、以问促发展。

开放性问题通常没有标准化的答案，不是唯一的、固定的，具有发散性的特点。这种问题更能激发幼儿的探索，与教师产生更多的互动。因此，在师幼互动中教师要注重提问的艺术性，多使用开放性问题，如"滑轮有什么作用""可以怎么做"等。封闭性问题的答案通常是唯一的、固定的，标准化的。在 STEAM 活动中，我们鼓励教师通过开放性的问题来与幼儿实现更高频次的互动，而适当的封闭性问题可以在与开放性问题相结合的情境下发挥作用。如开放性问题中的诱发预测可以用"如果……你想会怎样"，激发创造可以用"如果……会怎样"，引导深入探索可以用"为什么小赛车在瓦楞纸和锡箔纸上的滑行速度一个慢一个快"；而封闭性问题可引导注意焦点"哪一种材料的防震性最好"，也可以回忆先前的观察"你刚才观察到了什么，对我们的作品有没有影响"。

（五）STEAM 教育活动的评价

活动评价对于整个活动的实施具有选择、调控、反馈、导向等作用。在对学前儿童 STEAM 教育活动进行评价的时候，有几个问题值得思考：什么是 STEAM 教育活动的特征？我们该怎么去测量它？STEAM 活动有着怎样的学习效果？它对于幼儿创造性思维的发展有着怎样的贡献？评价它的主体是谁？

'在解答这些问题之前，我们首先要承认创造的过程和结果是多维的，也是复杂的，这是评价开始的基础。因此，评价儿童创造力要着眼于学科间的相互作用，着重从各种环境和跨学科领域来说明创造的品质。值得强调的是，跨学科性，这也是 STEAM 教育活动的核心特征与独特特点。因此，教师必须去捕捉活动过程中幼儿的所学、所知、所为，尊重幼儿创造过程中的表现，进行客观的评价。同时，在 STEAM 活动中对某个产品进行评价时，教师要考虑评价标准的全面性和客观性。评价标准应包括活动的实施效果、产品的创造性、使用模型的能力以及幼儿自我评价的能力。

1. 确定 STEAM 评价目的

了解评价目的有助于教师以目标为导向衡量、评价并优化教学实施。学前儿童 STEAM 教育活动的实施能够帮助教师识别 STEAM 教育活动目标的达成及幼儿活动过程中综合能力发展的状况，如幼儿创造性思维的发展水平、能够洞察创造过程的问题解决能力、创新实践能力、小组合作能力；评价 STEAM 活动实施效果，例如整理活动资料、改进优化课程、形成有效的学前儿童 STEAM 教育活动模式，从家长及幼儿本人处收集幼儿创造性思维发展水平的状况；挖掘有利于学前儿童创造性思维发展的教育策略，如发现 STEAM 活动对于创造性思维发展的有效实施途径。

2. 聚焦 STEAM 评价内容

明确评价的焦点内容是必要的，在 STEAM 活动中，内容涉及什么是

STEAM 知识，作品的创造性体现在哪里等。对于 STEAM 活动来说，评价往往包括儿童的多方面能力，如幼儿的创造性思维能力、科学实践能力、问题解决能力、小组合作能力等。

3. 明确 STEAM 评价主体

多元化的评价主体可以从多个角度来评价幼儿的学习成果及行为表现，避免教师单个主体评价时出现主观性。因此在 STEAM 教育中，评价主体可以有多个，教师通过作品评价表、幼儿小组表现、创新实践能力、问题解决能力等方面对幼儿进行客观评价，幼儿通过自评和互评来参与评价，同时鼓励家长和社会力量参与评价过程。

4. 优选 STEAM 评价方式

教师应选择适宜、科学、客观的评价方法对 STEAM 活动进行评价。其中，形成性评价与总结性评价是比较传统且在教育中得到广泛应用的方式。

总结性评价关注"结果"和"衡量"或"判断"目标的达成与否。传统考试评价中的"期末考试""升学考试"，就是通过量化的评价方式，即测试来实现对学习成果的评价。这种方式关注到了结果，在一定程度上能够评价学习者的学习水平，但不够全面，受到一些不可控因素的影响，比如身体因素。

在总结性评价的基础上，评价学专家斯克里文（1967）提出了形成性评价。形成性评价是指通过诊断教育活动与过程中存在的问题，为正在进行的教育活动提供信息，以提高活动质量的评价。因此，"过程"与"反馈"是形成性评价的核心。

5. 教师在评价中的角色与职责

教师作为活动的主要发起人，是与活动、教学、幼儿直接接触的主体，也最有发言权。因此，STEAM 活动的评价要通过其角色和职责的明确来实现，不同的角色对应不同的方法。

（1）作为观察者：观察法的应用

观察被认为是在教育实践中最为简单易行的评价工具之一。教师作为活动的主要参与人，也必然承担了观察的角色与职责。在具体的观察中教师需要做到以下几点：准确记录幼儿活动中的行为，包括言语和非言语行为；描述观察中的人、物、现象或事件发生的主要脉络，如时间、地点、背景、与事件相关的人、物；使用直接、第一手的观察材料，避免高干预的、带有价值判断的总结性评价；善于捕捉和记录即时发生的事件。

　　轶事记录法是常用的观察方法，能够把活动中观察者认为有价值的、反映幼儿行为或心理的各种表现记录下来，能够满足 STEAM 活动对于幼儿行为及心理表现的评价内容和评价方法的需求。

表 5.2　轶事记录范例

幼儿：LSQ、CY	观察者：WJ
日期：2019 年 4 月 9 日	时间：10:20
地点：班级教室	活动：建构设计

　　教师问："我们的游乐场里还要建造什么？" LSQ："再做个岗亭吧，就是那种高高的，可以看得很远的，像打仗一样，看有没有敌人。" CY："我知道！那个可以放哨！" LSQ："对，那用这个（长方形的积木），一下子就能搭得很高了。"

　　其他观察法还有事件取样法，观察某个特定的事件中各维度的性质，如研究幼儿的冲突行为；日记描述法通常适用于个案研究，时限较长；清单法则是在确定观察的行为后，判断行为的有或无；观察表、评价表也常用于教师的观察中，图 5.1 是用于 STEAM 活动中各小组作品完成情况的评价表。

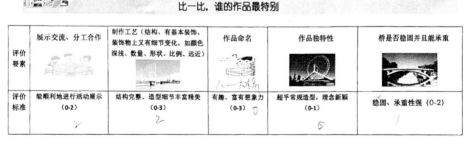

图 5.1　作品评价表

　　在实际的观察中，仅仅依靠教师的手笔纸记录有时难以及时、准确地捕捉和记录幼儿的行为。此时采用音频和视频也是一种不错的方式。音视频可以用于辅助教师的观察，成为教师的眼睛，也可以作为幼儿自评的一种方式，促进幼儿的反思与进步。

　　STEAM 活动"比比谁更快"中，教师从上一次活动录制的视频中剪辑了第三小组分工合作的一段视频进行播放，并告知幼儿这是上一次被评为"最佳合作小组"的第三组，请大家观看并学习"他们是怎么合作的""你们可以向他们学习哪些地方"。小朋友们在观看视频的时候，能够直观地发现，良好的合作需要分工明确、协商讨论、互相交流，这样不会浪费过多时间，也能通过他评来实现自评。

（2）作为互动者：访谈法的应用

访谈评价，指的是教师对幼儿进行结构化或是半结构化的访谈。访谈常用于对实验、测验中观察到的有关问题进行检验。

不同于观察法的旁观者身份，作为互动者的教师更多的是通过面对面的交谈来进行互动。当然，在访谈前，教师要提前制定对话的问题，即访谈的内容，以此来实现教师想要了解的关于幼儿创造性思维发展水平的现状，以及幼儿在 STEAM 活动中各个行为的表现。具体的访谈中教师应注意以下几点：创设恰当的谈话情境，保持双方轻松愉快的心情；保持同一个中心问题的开放性的提问方式；能如实准确地记录访谈资料，不曲解、不暗示、不诱导幼儿的回答；具备细致的洞察力、耐心和责任感。

访谈的时候，音频和视频的记录同样很重要。教师在对幼儿进行访谈时很难全程记录下来，所以需要借助音频和视频手段，以保证互动内容的客观性记录，实现有效的分析。下面是 STEAM 活动结束后，教师与幼儿的访谈转录范本。

访谈记录

受访幼儿：J　　日期：20190703　　地点：K 幼儿园　　访谈人 T

（兴趣与态度方面）

T：你喜欢老师这次的活动吗？

J：喜欢。

T：你喜欢在活动中做什么呢？

J：最喜欢制作的时候一起合作。

T：你是怎么和小朋友一起合作的呢？做的时候你有什么感受？

J：要团结，一起商量。感觉很好，开心。

T：如果继续 STEAM 课程活动，你还愿意一起参与吗？

J：愿意啊！

（**STEAM 知识与运用方面**）

T：你知道小台灯为什么会发亮吗？

J：因为有电池盒、电线，电池就有电，还有灯珠，就能发亮了。

T：电动小船为什么能浮在水面上游得很快呢？

J：因为有螺旋桨。

T：那为什么有了螺旋桨就能游得更快了呢？

J：因为有小马达能让它转动起来。

T：可以解释得更清楚一点吗？

J：因为小马达的电能传到螺旋桨上让它动起来。

T：为什么越光滑的斜坡就能让小赛车跑得越快呢？

J：因为粗糙的斜坡会有很多东西挡住它，让它改变路线，光滑的话就不会。

T：起重机运输东西为什么要用到滑轮呢？

J：没有滑轮就转动不了，东西钩在上面，如果不能从上到下、从下到上就没有用了。

T：那你认为滑轮有什么作用？在运输物体的时候改变了什么？

J：改变了方向。

T：涂鸦机器人用笔做的腿为什么能够画画呢？

J：因为也是有螺旋桨，螺旋桨有很大的风力就能让它转动起来，就可以画画了。

（**创造性人格与品质方面**）

T：小朋友们在玩一个新的游戏，你想要一起参与进去吗？

J：想要，因为很好玩。

T：你喜欢用相同的方法去做事情，还是喜欢找出新的方法去做事情？

J：不一样的，因为不一样的办法才有意思。

T：遇到一个喜欢的东西，但是要你克服很多困难才能拿到，你会坚持到最后克服困难拿到它，还是就不要那个东西了？

J：坚持克服困难，因为我们要努力。

（额外补充的问题）

T：如果让你去制作一个小风扇，你会怎么设计和制作？

J：要用到电池盒，还有一个棍子，用来支撑，还需要电线、电池盒和电池、小马达，还要螺旋桨。

T：那怎么设计呢？

J：先画设计图。

从上述师幼互动中的访谈情况看，教师旨在通过访谈，了解幼儿的兴趣与态度、知识理解与运用能力、工程设计流程以及创造性人格与品质等方面。

（3）作为评价者：表现性评价与档案袋评价的应用

近年来，教育评价新思想、新理念、新方法不断涌现，出现了发展性评价、表现性评价、真实性评价、另类评价、档案袋评价、作品评价等多种评价方式。

而评价者的角色对教师的职责提出了不一样的要求。教师要关注并收集幼儿在活动中各个阶段的工作样本，分析幼儿的表现，并提出相应的教学策略，把调整和促进教与学作为评价的最终目的。对这种理念的追求，促使 STEAM 教育活动评价常常需要通过表现性评价来进行。表现性评价的特点主要有强调任务的综合性和真实的问题情境；幼儿通过作品的完成来判断幼儿知识与技能的获得；发展幼儿的自评能力，体现被评价者的主体性；评价既关注幼儿的实际操作和表达表现的活动过程，也重视活动的结果；以调整和促进教与学作为评价的最终目的。

以活动过程中幼儿对材料使用能力的表现性评价为例，幼儿通过对气泡膜、瓦楞纸、锡箔纸、塑料薄膜的触摸与感知，在选择制作斜坡的材料时，首先排除了气泡膜和瓦楞纸，说明幼儿对摩擦力影响速度有着一定的理解；在用纸牌制作桥墩时，幼儿探索了三角形、长方形、圆柱形等形状的差异对稳定性的影响，选择了三角形作为桥墩，可见幼儿对于形状与稳定性之间的关系有了一定的认知。

上述示例告诉我们，表现性评价是基于活动过程中通过关注幼儿实际操作和表达表现来进行的，它是一种过程性的评价方式。表现性评价也可以是总结性的，通常要结合档案袋评价这个载体来实现。在 STEAM 活动中，档案袋评价包括幼儿材料表、设计图页、幼儿作品评价表、创造性思维量表。图 5.2 和图 5.3 是 STEAM 活动实践中设计的材料表与设计图表。

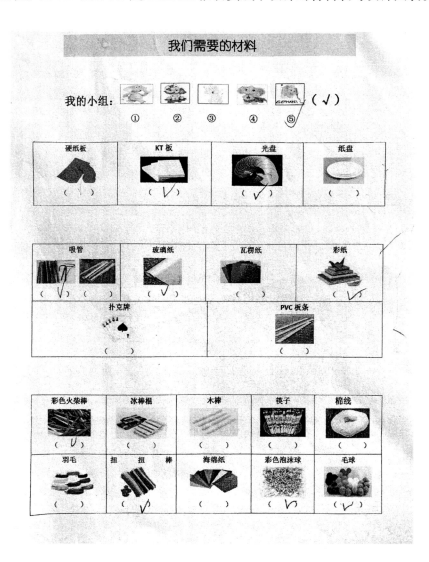

图 5.2 材料表

图 5.3　设计图页

　　在表现性评价中，教师需在活动情境中运用多种手段收集儿童的表现情况，作为评价儿童的重要信息来源，如教师观察、教师访谈、儿童轶事记录、儿童独立的作品集以及小组合作的作品等。[1] 这与教师作为观察者、作为互动者所运用到的评价方法不仅不冲突，而且联系紧密。因此，表现性评价虽然倾向于使用质性评价工具，但它在本质上并不排斥量化评价，而且在实际应用中也常常重视质性评价与量化评价的有机结合，这也是表现性评价优势之处。

---

[1] 霍力岩，黄爽.表现性评价内涵及其相关概念辨析 [J].西北师大学报（社会科学版），2015,52(3): 76–81.

（4）作为测试者：测验量表的应用

关于创造性思维水平的评价中，量表评估、产品评估、题测评估等是常用的测试手段。

量表评估中常见的测量工具有威廉斯创造性倾向量表（Williams Creativity Scale，简称 WCS）、创造性思维量表（Creative Thinking Scale，简称 CTS）和考夫曼创造性量表（Kaufman Domains Of Creativity Scale，简称 K-DOCS）。量表评估可用性高，使用方便，但是量表评估的方式主观性强，受到了许多研究者的质疑。

常用的产品评估方法有同感评估技术（Consensual Assessment Technique，简称 CAT）、学生产品评估表（Student Product Assessment Form，简称 SPAF）。产品评估可以应用于特定领域的创造性思维评估，其测量结果能够代表个体在特定领域的创造性思维，但产品评估方法过于强调结果，忽略了创造性产品产生过程。

常见的发散性思维测试题有托兰斯创造性思维测试（Torrance Tests of Creative Thinking，简称 TTCT）、吉尔福特替代性用途任务（Alternative Uses Task，简称 AUT）、Wallach-Kogan 创造性测试（Wallach-Kogan Creativity Test，简称 WKCT）、远程联想测试（Remote Associates Test，简称 RAT）。此类评估具有客观性、全面性等特点，因此能够真实地反映个体在接受干预后的创造性思维，也是研究者最常用的创造性思维评估方法。

在 STEAM 活动中，常用的是托兰斯创造性思维测试（Torrance Tests of Creative Thinking，简称 TTCT）对幼儿的创造性思维发展水平进行测量。这主要是因为 TTCT 具有以下特点：适用对象十分广泛，从幼儿园到研究生都能使用；形式多样，可供性强，包含言语、图画、声音和词三套测验题；维度全面，客观严谨，具有流畅性、独特性、精致性、标题抽象性、沉思性等特点；信、效度高，并且不断修改和完善；契合幼儿能力需求与兴趣点。

以幼儿园大班 STEAM 活动对创造性思维的干预为例，我们通过运用托兰斯创造性思维测试图画版（A 卷）（TTCT-A）对实验组与对照组幼儿进行前后测。在为期一个学期的 STEAM 教育活动实施后，测试结果表明，实验组幼儿在经过 STEAM 教育活动的干预后其创造性思维的发展水平较对照组有着显著的提高，实验组与对照组在创造性思维的各项分数维度及总分上均存在显著的差异性。STEAM 教育活动有效地提高了实验组幼儿的创造性思维水平。

由此，我们可以梳理一下 STEAM 活动评价涉及的几点关键指标：STEAM 活动的评价要以活动的目标为导向进行设定，以此实现评价的导向、调控、评价等方面的价值；活动的评价主体，鼓励幼儿的参与，也提倡家庭及社区的积极加入；活动的评价内容以创造性思维为主，但也要通过多种评价方法的运用去了解幼儿在活动过程中的具体行为表现及创造性行为的关联因素，如创新实践能力、问题解决能力、小组合作能力等多方面的综合能力的发展状况；活动的评价方式，既要有质性研究又要有量化研究，以保证评价的客观性与全面性。

四、实践案例

案例 1："哇，灯亮了"STEAM 项目活动设计案例

"哇，灯亮了"STEAM 项目活动采用了改编后的 6E 模式开展，包含三个阶段的内容。第一个阶段，通过教学互动获取该项目所需要科学经验与初级科学概念；第二个阶段，幼儿对问题进行分解和方案制定，实现工程设计过程，对设计想法进行分析讨论，从材料的属性进行选择，完成设计，进入到想象创作的过程；第三个阶段是对本组所创作作品进行展示讲解，最后由幼儿与教师共同完成评价，通过对已完成作品进行测试改进，进行总结。

（一）活动背景

灯光是幼儿生活中每日所要接触到的事物，那么它是怎么来的呢？本次活动根据情境的设置，通过手偶"吉米"引发幼儿的共情，通过联系生活真实问题情境，帮助幼儿调动科学经验来感受能量转换，知道电能可以转换为光能，强化幼儿的观察力与探究能力，帮助幼儿在工程设计中发展创造性思维及其他综合实践能力。

（二）活动目标

1．知识与能力目标

初步感受能量转换，知道电能可以转换为光能；能使用简单工具解决项目活动中遇到的实际问题，进行探究并制作不一样的小台灯。

2．过程与方法目标

在小组分工合作中，利用科学探究和工程设计的流程与方法；通过动手操作，迁移知识经验，完成台灯的方案设计与创作；通过情境中的问题，发展幼儿的问题解决能力、团队合作能力及实践能力，实现创造性思维的发展。

3．情感态度与价值观目标

发展科学探究精神，通过设计制作体验工程设计的乐趣；体验合作交流、想象创造的快乐。

（三）活动过程

1．参与：情境导入，识别问题

教师引入手偶"吉米"，创设问题情境："小朋友们，吉米回到家，发现家里黑漆漆的，什么也看不见，这可怎么办才好？"幼儿针对教师给出的问题情境进行思考，通过头脑风暴来初步思考问题的多种解决方法。教师引导幼儿识别问题，帮助吉米制作一盏小台灯。

支持工具与材料：手偶"吉米"、《顽皮跳跳灯》动画短片视频。

2．探索：科学探究，获取概念

（1）教师播放视频，请小朋友们说一说小台灯有哪些部位，灯罩、灯珠（灯泡）、灯架、灯座、开关等有什么特点。

教师问："这盏台灯有哪些身体部位？是什么形状的？看起来像什么？有什么不一样？"幼儿认识台灯的结构、形状等。在这个过程中，渗透介绍台灯的各部分的细节表现。教师问："它看起来怎么样？你们想做一盏什么样的台灯？"

（2）教师引导幼儿围绕"灯为什么会亮"进行探究，并发放电池盒、电池、灯珠；使用 PPT 演示电池与灯珠的连接与安装，讲述电能与光能的转化。

（3）教师继续问："怎么样才能让建好的台灯更漂亮，细节更丰富并且与众不同呢？"

教师可先播放图片，依次介绍台灯的形状、颜色、装饰、不同点四个方面，并提问："你们想制作的台灯需要什么材料呢？它怎么才能发亮呢？有什么特别之处？"

（4）总结。

支持工具与材料：各种各样的台灯的视频、卡片。

3. 解释：分析想法，设计选材

教师提出项目要求，介绍活动任务中设计的相应材料；幼儿在教师的指导与组织下，根据项目要求进行分析讨论，通过整合知识与经验，尝试设计方案；在完成对材料的认识与性能的初步了解后，统整小组的设计想法，在材料表上勾选材料，分析并解释创作想法。

支持工具与材料：作品制作中的相关材料、材料表。

4. 工程：分工合作，想象创造

教师播放上次课程中合作较好的小组，引导幼儿在合作中进行分工与共同参与，并保持良好的分工氛围；幼儿自主协商角色进行分工，并按照材料表进行自主选材；幼儿分工合作，想象创造作品。

支持工具与材料：视频、分组序号牌、各角色工作牌、完成制作的相应材料。

5. 改进：测试作品，优化改进

各组完成台灯的制作并依次进行测试。教师重述作品要求，提出问题："它是否能够发亮？还有哪些地方需要继续改进优化的呢？在此基础上继续实现你的创意方案。"幼儿根据要求及需完善的地方，继续优化改进。

支持工具与材料：视频、完成制作所需的相应材料。

6. 评价：展示交流、评价总结

各组展示、交流所完成的作品。教师提问："你的设计想法是什么？有什么创意吗？取了一个什么特别的名字呢？"教师出示"比一比，谁的作品最特别"的评价表，从展示交流、分工合作、制作与造型工艺、作品命名、作品独特性、台灯是否能发亮等多方面进行总结性评价。

支持工具与材料：各组作品、评价表。

（案例来源：汪洁、张莉琴／江西科技师范大学）

案例 2："造'桥'记"STEAM 项目活动实施案例

该案例是基于积木材料开展的活动，活动的问题来自于幼儿在户外活动中的发现。

（一）活动背景

幼儿园以游戏为基本活动，其中积木游戏是深受幼儿喜爱的建构游戏。我们班参与了幼儿园 STEAM 课程的开发与实践研究，在一次次的搭建游戏中，幼儿初步掌握了设计图纸、简单建构原理和叠高、平铺、互锁、围合、架桥、架空等基本技能。为了让幼儿在活动中能够开展有效沟通、小组合作、发现问题和解决问题，班级开展了基于问题情境的"造'桥'记"STEAM 积木建构活动。

（二）活动准备

材料准备阶段，老师投放低结构材料，如积木和木板、回收利用的奶粉罐和牛奶罐等。

在户外活动中，幼儿商讨河狸小镇的居民该怎么过河买东西。在激烈的讨论之后，大家一致认为"造一座大桥"是解决这个问题最好的办法，于是，搭建"河狸大桥"的活动就这样诞生了。

教师调动经验，引导幼儿思考：桥是什么样的？造一座什么样的桥最合适？教师还可以引导孩子思考如何将河狸大桥和高楼大厦结合。这样既巩固之前的核心经验，又能将其迁移到日常生活中，并把这些知识经验纳入原有的认知结构和新的情境中，以解决新问题或发现新事物，提升思维层次。

（三）活动内容与过程实录

幼儿对建构"河狸大桥"非常期待。幼儿通过实地调查、观看图片等方式，对桥相关的形态构造有了初步的了解。

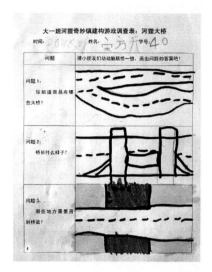
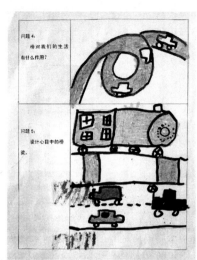

图 5.4　调查表

他们带着各种奇妙的想法走进了建构室，开启了为河狸小镇建设大桥的"工程"。从最开始想法的萌芽到实施、改进、升级，幼儿经历了从简单到复杂，从分散到整合，从个人操作、小组探究再到集体合作的过程。

1. 第一次挑战：初建河狸大桥

（1）游戏实录

第一次建构中，教师对幼儿的游戏进行观察。发现孩子们有的自己单独建构，有的零散合作，或者临时更换组合，在建桥时使用最多的是叠高和架桥的技能。"河狸大桥"很快就完成了。

片段一：

皓一和其他三位小朋友用四个圆柱积木做底座，在木板的一侧搭了一条长条形积木。大桥初见形态，但他们发现大桥少了围栏以及"很高很高的东西（限高）"，于是用积木进行了搭建。

大桥建好了，皓一和同伴多次从斜坡开始发车，看到小车顺利下坡，他们十分开心，但没有在第一时间发现小车下桥应是先从桥上开往斜坡。通过教师提出疑问，幼儿

图 5.5　幼儿活动过程

马上意识到并修改了这个问题，他们发现小车无法从桥中间顺利下坡，是因为"斜坡的积木搭在桥身上面挡住了小车"。

片段二：

教师让幼儿"驾驶"车完整地开一遍。幼儿将小车从起点上桥，多次操作小车都会中途卡顿，必须用手辅助才能顺利上桥（坡身的两根木条与桥身衔接部位凸起）。即使小车能顺利通过桥身部分，但下桥时，幼儿却发现桥的另一头没建出

图 5.6　幼儿活动过程

口。"车为什么过不了呢？"教师问。"这边没有出口。""桥需要两头都有引桥，一上一下，才能通过。"幼儿七嘴八舌地说。

片段三：

北北和彦伯在试验中发现小车多次飞跃摔出去，没有沿着坡顺利下桥，并且下坡的衔接不牢固。

图 5.7　幼儿活动过程

北北坚持小车可以顺利通过，但需用手辅助才能下桥。子华在旁指出问题："下坡的路只搭了一块木块，对不准，需要两根木头加宽才不会掉下去。"北北和彦伯坚持继续尝试，还是不断出现翻车的情况。最终他们听取了子华的建议，将下坡道加宽至两根木条。

在第一次建构后，小朋友发现所建的桥有许多问题，并进行了表达。

（2）分析与反思

1）形成基本造型，缺乏实际功能

通过实地调查或观看图片，幼儿了解了桥的基本形态。孩子自主搭建，

自由选取积木，充分探索、尝试。在第一次建构后，虽然幼儿都能搭出桥的基本造型，但都存在不能使用的问题。教师没有直接给出答案，只是向幼儿提出了一些引发他们思考的问题，并鼓励幼儿继续思考、不断尝试。

2）教师回应欠缺，解决办法匮乏

遗憾的是，在整个游戏中有许多突发状况发生，教师未能对每位幼儿的需求都做出回应。

为了解决这一次挑战中的问题，我们决定在下一阶段引入设计图，引导幼儿关注实际功能，同时教师及时关注幼儿表现，给予幼儿足够支持。

2. 第二次挑战：河狸大桥顺利通车

（1）游戏实录

幼儿根据第一次搭建发现的问题，又重新设计了图纸并再次搭建，相比于第一次，桥的形态更为生动形象，部分幼儿还加入了一些功能性的设计。

图 5.8　幼儿作品：设计图纸

图 5.9　幼儿作品：根据设计图纸进行搭建

片段一：

经过幼儿多次试验，大桥可以正常通车。教师请幼儿分享自己改进的方法。子意说："下坡车道与桥身衔接在一起，没有凸起，车子就可以顺利下桥了。底座加牢了，护栏改成大的长条木头固定，非常结实。"子华说：

"我们加宽了车道，在车道上建了一个围栏，车就不会掉下去。"

片段二：

这组幼儿给大桥建了一个空中停车场。在试验中，需要用手辅助小车上下桥。老师提问："你们打算让车怎么下桥呢？"皓元说："应该要搭一个梯子，让车可以下到梯子上。"老师问："梯子怎么搭呢？"

图 5.10　幼儿活动过程

大家一起想办法，皓元用几块小方形积木叠高连接二层，然后再放一根长条积木、一段梯子就铺好了，用同样方法将梯子铺到地面，建了一条出路。

片段三：

幼儿为空中停车场修建了入口，小车无法顺利通车，这时彦蓉说："可以搭一个螺旋梯，装一个分岔口，小车就不会相撞。"垦铭补充说："螺旋梯是绕着走的，越绕越多层。"幼儿马上针对螺旋梯该怎么搭进行了讨论，他们试着用积木互锁搭建两层，下面再铺长条积木，慢慢地叠高互锁。但经过多次尝试都没成功，孩子们非常沮丧。教师建议："请爸爸妈妈带你们去实地观察一下高架桥吧！"

（2）分析与反思

1）模拟真实情境，形态与功能结合

第二次建构与第一次建构相比，能将桥的形态与功能相结合，如在上面修建停车场，改变下桥的方式等，并且强化桥梁的实用性，也更贴合实际生活。在模拟车辆行驶中，幼儿加入了汽车在大桥上行驶的真实情境，而不再单纯追求"样子"像个桥。幼儿能及时发现搭建中存在的问题，并提出解决方案，真正成为游戏的主人。他们一次次地探究、调查、讨论、反思自己的观点，让游戏的开展变得越来越有深度。

2）合作意识缺乏，分工不够合理

但是通过观察，教师发现目前还有部分幼儿只喜欢按自己的想法操作，独自设计和建桥，与同伴合作的意识不够。虽然他们有和同伴一起共同游戏的愿望，但是如何对游戏的任务进行分工、如何通过合作获得游戏成功等，还需要教师的进一步引导。

3. 第三次挑战：建造螺旋大桥

（1）游戏实录

有了前两次的搭建体验，幼儿探索的热情也日渐高涨。他们决定继续挑战，再建一座螺旋大桥。幼儿观察了更多的桥梁，并在老师的鼓励下，分组合作，共同商量如何设计螺旋大桥、如何根据图纸进行搭建等等，幼儿的合作能力在小组合作中得到了逐步提升。

图 5.11　幼儿活动过程

孩子们搭建好后，兴奋地介绍："快看，这次我们建的高架桥，共有三层。"教师问："车子从哪里上去？"雨恬指着第一层说："沿着这条路行驶，车子从这里上去。"教师问："那二三层汽车该如何上去呢？"桥梁的总设计者彦伯回答道："这里有个一层和二层的连接点，我们大家讨论了一下，想在这给它装一个斜坡，就能上下连通了。"他们的想法得到了教师的肯定，并鼓励他们继续完成自己的设计。

（2）分析与反思

1）创造意识提升，建造形态多元

在第三次搭建中，幼儿融入了更多的观察与思考，设计的桥梁更具创新性与实用性，比如设计三层的高架桥、增强桥梁的美观度、做车辆限高的设置、为桥梁修建地下停车场等等。在遇到困难时，幼儿能发现桥梁搭建的问题，关注到是下坡道与桥身没有衔接好，导致车辆不能通行。通过讨论和观察，幼儿学会借鉴实际的方法来解决问题。

2）及时提供支持，引发深入思考

教师始终要站在幼儿的身后，敏锐观察幼儿，适时介入指导，多方法提供支持。教师在活动过程中不能急于求成，要给予幼儿更多的鼓励，在组织幼儿活动后进行反思和回顾，引发深入思考。在一次次"发现—思考—尝试—解决"的过程中，孩子的创新性思维能力得到提升。

4. 第四次挑战：穿越城市的大桥

（1）游戏实录

终于到了要确定选用哪组的方案来作为终极版河狸大桥的日子。回顾这几次所建的大桥，大家都认为每组最后搭建的大桥各有千秋，难以抉择。于是，教师建议："那能不能将各组搭建的大桥合并在一起，组成一座穿越城市的河狸大桥？"幼儿一致同意这个办法。这次，所有小朋友一起既有分工又有合作，在不断地磨合、实验后，一座穿越城市的河狸大桥终于建成。活动后，幼儿争先恐后地分享在自己建构过程中所解决的问题。

昊昊说："我是负责将下坡车道与桥身衔接平整的，没有凸起汽车就能顺畅通过。"

琳懿说："我们组将河狸大桥的引桥加长了，让车辆很顺利地上下。"

斯行说："我们加宽了所有的车道，还建了围栏，车就不会掉下去。"

乔乔说："大家一起想办法让大桥穿越高楼，我觉得这样的外观更漂亮了。"

辰艺说："我们的大桥是一座非常结实漂亮的大桥，我们增加了限高装置。这样一些超载的大货车就不能上这座桥了。"

图 5.12　幼儿作品

　　教师总结："小小工程师们，在大家的共同努力下，我们为河狸小镇建造了一座穿越城市的河狸大桥，在造桥的过程中，大家通过自己努力和智慧，把大桥建得既漂亮又稳固。"

　　（2）分析与反思

　　1）及时分享回顾，延伸游戏情境

　　在建构游戏中，幼儿能够围绕主题进行自主建构。经过前三次的搭建，幼儿已经积累了丰富的经验。发现问题后，幼儿能积极思考，不断尝试各种方法去解决问题。此时，教师应适时地启发幼儿，提出有挑战性的情境，进一步推动幼儿深入思考与探究。

　　2）发展解决问题能力，推动创造思维产生

　　这样深度的探索延伸了幼儿的游戏时间，拓展了幼儿对游戏的思考，增强了幼儿作品的效果，也加深了幼儿的成就感。幼儿需要反复经历解决问题的过程，才能更好地深入学习与发展。

　　（四）活动的特点、反思与改进

　　1. 活动的特点

　　在本次搭建游戏活动中，教师创设了游戏情景，以主题为媒介，让幼儿的游戏更加有目的、有计划、有意义。教师能充分尊重幼儿的想法，捕捉幼儿的兴趣，及时生成与幼儿生活经验相链接的建构内容，促进幼儿在建构过程中深入探究与实践，帮助幼儿在游戏中深度学习。

　　（1）以真实情景中的问题为导向，在整合项目过程中提升幼儿解决问题的能力。通过动手操作、亲身体验、同伴合作等方式，幼儿获得并迁移经验、表达见解、形成想法、完善规划、迎接挑战。

（2）激发幼儿积极的情感，增强幼儿创造性活动的主动性与目的性。幼儿在游戏中高情感投入，对探究的事物保持浓厚的兴趣，并积极主动地参与游戏之中。

（3）挖掘游戏的深度，促进幼儿自我反思和创造性思维提升。教师运用积木引导幼儿进行建构，在他们面临多样性、复杂性，甚至局限性的挑战时，学会观察积木的特点，思考材料不同的用法，再通过操作选择、组合、替换材料，进行验证。

（4）拓宽评价视角，引发建构者与评价者的深度思考，形成多元的过程和作品。活动既注重教师评价，也注重幼儿的相互评价。评价者从他人的作品中获得经验，而搭建者在他人评价的过程中，也进行深入的反思。

2.反思与改进

通过此次活动，我们在不断反思与实践中也得到了一些启示。

（1）活动前，教师应做好充分的前期准备工作，活动的设计要考虑幼儿的学习特点，遵循循序渐进的原则。

在以STEAM理念为基础实施建构游戏时，教师在最初设计时就要先考虑选择幼儿熟悉或感兴趣的事物，把主导权交给幼儿，让他们主动地去发现、探索、思考并解决问题。因此，在本次活动中教师选取了幼儿认知边界的"桥"作为游戏的切入点，激发了幼儿的好奇心与探究欲。幼儿进行了四次搭建，独立设计搭建"桥"、提升功能改进"桥"、小组合作完善"桥"、分工合作完成"桥"，游戏设计由易到难，每次都是从解决具体的实际问题出发。在此过程中，教师鼓励幼儿不断运用自己所掌握的知识经验迁移到游戏中来，从而构建新的经验。

（2）活动中，教师要做到细致全面的观察，及时把握幼儿的动向、能力及兴趣。必要时，教师可适当介入引导，鼓励同伴间相互学习、分工合作，让幼儿获得建议并体验成功。

教师需要提高观察、分析等综合能力，不断提升自身的专业素养，这样才能在活动中随时能抓住教育契机，用智慧的教育行为去化解各种"危机"。如在幼儿感受到强烈成就感时，教师应及时在幼儿的最近发展区给予他们适度挑战，使他们在一个螺旋式上升的良性循环过程中超越自我。当发现部分幼儿的合作水平不高时，教师可通过为孩子创设有利于合作的建构游戏环境，建构需要合作方能完成的主题内容，提供更多的诱发幼儿合作意识的材料，建立利于幼儿合作行为的游戏规则等，来帮助幼儿在游戏中进一步提高合作能力。

（3）活动后，教师引导分享交流、相互评价，教师对幼儿的作品进行肯定，提升幼儿的经验。

幼儿在游戏评价的过程中随着年龄的增长，评价的视角也更广。每次游戏结束后，教师和幼儿可以有针对性地对搭建作品、材料使用及技能使用等方面来进行评价与分析，引发幼儿对自己的作品、对他人的作品进行思考。教师还应指出值得学习或者可以改进的地方，为下一次开展游戏提供经验，并引发幼儿在游戏结束后深度思考。

（案例来源：邹婕、曹桂珍 / 江西师范大学附属幼儿园）

第六章
建构游戏对学前儿童创造性思维的培养

一、建构游戏的起源及特点

（一）起源

在学前教育领域，建构游戏又被称为"结构游戏"。在我国古代时期，"结构"一直意指"建造房屋"，如杜甫的《同李太守登历下古城员外新亭》："新亭结构罢，隐见清湖阴。"其中的"结构"即为建造房屋的意思。因此，在古代"结构活动"主要指一些建筑、建造活动。①

"结构"一词的拉丁文原意是"建筑"，即建筑活动。柏拉图提出，应该将幼儿的假装游戏与成年人与之相呼应的常规生活连接起来，作为日后生存技能的一种训练方式。在《法律篇》中，他提出："想成为一个好的建筑师的人，应该把他的游戏时间花在建造玩具屋上；我们应该利用幼儿的游戏活动去激发他们的建构兴趣，以此来达到所期望的目标，这些都是他们成年后必须进行的活动。"②

捷克教育家夸美纽斯认为，建构游戏可以培养幼儿各方面的能力，这对于儿童来说无疑是最适合的。在《母育学校》中，他提出儿童可以自由地使用自己喜欢的材料，如泥土、木片或石块等来搭建小房子，以此凸显

① 林玉萍.建构区活动指导手册[M].北京：北京师范大学出版社,2017:11.
② 柏拉图.法律篇[M].张智仁，何勤华，译.上海：上海人民出版社,2001:10.

他们建造房屋的一种初步建筑术。此后，在相关的玩具与游戏书籍中，开始出现了建构游戏。福禄贝尔的恩物、蒙台梭利教具的出现，对幼儿园中建构游戏的发展起到了重要的促进作用。普拉特单元积木和希尔空心积木的出现更是推动了建构材料的多样化。

（二）特点

国内外大多数的研究者都认为，建构游戏是一种集创造性、趣味性、操作性、艺术性、挑战性等为一体的游戏。幼儿根据教师既定的游戏主题或游戏情境，利用单元积木、塑料、废旧物等低结构材料，并结合幼儿已有的游戏经验和建构水平，通过操作这些材料搭建游戏作品，创造性地反映周围生活中物体及场景的面貌特征或想象中的世界。

1. 创造性

建构游戏属于创造性游戏之一，是孩子们在拼搭、创造、建构过程中所进行的一种游戏，幼儿通过"建构"的形式创造性地反映现实生活。在建构游戏中，孩子们可以充分地发挥他们的想象力和创造力，利用创设的环境和投放的各种材料进行创意搭建，不断促进创造性思维的发展。

2. 趣味性

皮亚杰认为，建构游戏能够提升孩子们的各种能力，而这种能力同样也能增加孩子们的乐趣，从而表现出更多创造性行为。由于多层次的建构主题、多样化的建构材料及多方位的建构指导，每次建构活动都能带给幼儿全新的体验，满足幼儿的建构热情和创建兴趣，让建构游戏成为幼儿最喜爱的游戏之一。

3. 操作性

作为创造性游戏之一，建构游戏的独特性就在于其操作性。当幼儿摆弄、整理、分配材料时，想法和想象力开始涌现，问题自然而然就出现了。他们想知道："如果我把这个放在这里会发生什么？""它能有多高？"通过孩子们的动手操作，他们会发现新的可能性，从而更好地实现的建构目标。

4. 艺术性

建构游戏与绘画一样，不仅可以反映幼儿对美的感受、理解及欣赏能力，而且还需要幼儿掌握创造美的能力。绘画是在二维平面上的创作，而建构则是三维立体的创建，搭建的外形如同雕塑一般是一种立体的艺术。

孩子们搭建的建筑物能反映他们对生活中美的感受和创造美的追求，具有一定的审美意义。

5. 挑战性

幼儿在掌握了一定的建构经验后，会向着更高、更大、更难的方向发展。不同的建构主题和建构材料能引发幼儿探索不一样的玩法，也能不停地对建构目标提出新的挑战。因此，教师可以适当地调整建构行为，满足了幼儿的探索欲望，让其敢于尝试，无惧失败。

二、建构游戏之于学前儿童创造性思维培养的价值

（一）游戏活动对创造力及相关能力的影响作用

有研究者评估了一项建构游戏计划对5—6岁儿童的影响，其中包括与制作木偶和拼贴有关的活动。评估显示，实验参与者对图形创造力的三个指标，即流畅性、变通性和独创性的评价方面有显著提高。

英国经验主义哲学家洛克在《教育漫话》一书中十分强调游戏的重要性，并且认为建构游戏可以锻炼幼儿的想象、模仿和创造能力。[①] 建构游戏对幼儿的动作技能、发散性思维、非语言推理能力、审美能力、想象力和创造力等都具有重要的促进作用。黄人颂（1989）提出建构游戏可以发展幼儿的感知运动技能，培养幼儿的艺术兴趣和审美能力，促进他们的想象力、主动性和创造性的发展。丁海东（2001）提出，建构游戏培养幼儿的手眼协调和手脑并用能力，也使儿童的想象力和创造力得以充分体现。

（二）游戏材料对创造力及相关能力的影响作用

19世纪初，德国教育家格兹姆特认为积木玩具素材简单，能给孩子们成就感、想象力及幻想的空间。Cartwright（1988）提出，在建构游戏中，首先应鼓励幼儿对建构材料的颜色、形状、体积等进行一定的探索和熟悉，将各种建构材料通过拼搭、组合的方式进行搭建，在不断尝试建构的过程中促进幼儿创造力和问题解决能力的提升。Christenson 和 James（2015）认为幼儿在建构游戏中更具好奇心和创造性，通过对建构材料的持续探索，

---

① 林玉萍.建构区活动指导手册 [M]. 北京：北京师范大学出版社，2017:11.

再结合教师对幼儿的帮助与支持，幼儿的创造力及解决问题的能力能得到培养。国内学者华爱华（1998）认为，游戏中低结构材料的建构对儿童发散思维的发展有较大的促进作用。儿童在使用高结构游戏材料时模仿更多，而在使用低结构材料时创造更多。黄人颂（2015）提到幼儿通过排列、拼搭、接插、黏合、穿编等动作完成建筑和构造的活动，从而创造性地反映现实生活。秦晴、孙民从也认为低结构、多种组合和变化可能性的材料对幼儿更具吸引力，并促使他们学会积极思考，在与材料互动时发展想象力和创造力。

可以看出，国内外研究者都发现了建构游戏与幼儿创造力之间的关系，他们认为建构游戏对幼儿创造性思维起着十分重要的作用。建构游戏会在幼儿的脑海中进行想象，描绘出一幅幅抽象的画面，并创造性地将这些画面转化成为具体的事物。这种行为有利于帮助幼儿更好地培养他们问题解决的能力及创造性思维的发展。

三、促进创造性思维培养的 STEAM 建构游戏开展

（一）选择适合的游戏主题

适合的 STEAM 建构游戏主题能够满足幼儿在搭建过程中对创造力的需求，并在建构中起到事半功倍的效果。因此，建构游戏主题的选择不应是盲目的，也不应以教师的个人喜好为依据，可以是幼儿自己商量决定，也可以是教师与幼儿共同讨论决定。

1. 挖掘幼儿兴趣点

《幼儿园教育指导纲要（试行）》中提出："任何活动都要以幼儿的兴趣为出发点。"兴趣是最好的老师，是游戏得以持续的基础。在日常生活或游戏中，应该高度关注幼儿的兴趣点，倾听他们的对话、想法及讨论，从他们感兴趣的地方入手。

（1）师幼之间

在课堂上师幼之间的对话交流的互动中，幼儿会透露出他们感兴趣的、喜爱的内容。这时，教师要抓住契机，引导幼儿围绕这个主题表达自己的想法和意愿。如果讨论的内容能够维持幼儿的热情和兴趣，则可以展开进

一步的讨论，从中挖掘出新的建构主题。

在语言活动课上，教师与孩子们正在讨论《三只小猪》的故事。

这个时候大宝对教师说："我不喜欢三只小猪建的房子。稻草的不喜欢，木头的不喜欢，砖房也不喜欢。"

教师问："那你觉得什么样的房子才能保护小猪们呢？"

大宝说："我喜欢钢铁一样的房子，它会挡住大灰狼牙齿和爪子的攻击，而且还可以挡子弹！"

浩明立马说道："外面还要有围栏，这样才行！"

乐乐说："哈哈，那外面的地上还可以放定时炸弹，大灰狼一踩，立马把它炸飞。"

教师说："那会是一个多么神奇的房子呀！真想去看一看呢！建构活动的时候，你们可以把它搭建出来，让大家都来看看这个神奇的房子吗？"

大宝、浩明、乐乐异口同声说："好呀！"

面对幼儿稀奇古怪的想法，教师不要急着去否定，听听孩子们怎么说，看看他们怎么做，支持幼儿发散性思维的发展，肯定他们天马行空的创意，从而形成活动的新主题。

（2）幼儿与幼儿之间

不仅是在师幼对话间可以挖掘幼儿感兴趣的点，在区域活动和课间活动时，从幼儿与幼儿之间的讨论及交谈中，教师同样也可以发掘他们的兴趣点。

在绘画区，孩子们要回答"青蛙到月亮上去，怎么去好呢"这个问题，将自己想到的办法画在纸上。

妮妮对身边的小美说："我要画一个火箭，让青蛙坐火箭到月亮上去！"

小美说："我也想画火箭，我要画一个能载人的火箭！"

妮妮说："我的火箭有两个喷气孔呢，它能飞得更高更快！"

小美说："我的火箭有四个翅膀，比你的快！我的火箭还有窗户呢，你加速了我也加速。"

这时，孩子们对各种飞行器产生了浓厚的兴趣，教师可以组织以"我最快"为主题的建构游戏，鼓励幼儿将自己的创意想法搭建出来。

不仅仅是在建构区，在其他区域活动中教师也可以发现幼儿的兴趣，并运用到建构游戏主题的创设当中去。

（3）教师与家长之间

教师与幼儿家长除了交流幼儿在园内的基本情况外，也可以问一问幼儿最近的喜好是什么，节假日在家里的时候一般会玩些什么游戏，热衷于玩什么主题的游戏等，多方面了解幼儿的兴趣爱好，及时捕捉他们的兴趣点。

教师说："最近这几天月月经常穿红色的衣服、鞋子，是突然特别喜欢红颜色吗？"

月月妈妈说："对呀，这几天她特别迷《汪汪队》这个动画片，特别是动画里的毛毛。因为毛毛的装备和车子都是红色的，所以月月也特别爱穿红色类的衣服。"

教师说："怪不得呢，在手工课上也用黏土捏了一个消防车。"

月月妈妈说："不仅是月月，她的好朋友心心和佳佳都喜欢《汪汪队》，她们买的玩具呀、贴纸呀、衣服呀都是汪汪队的。"

针对幼儿喜爱的动画片的角色，可以创设一个"我的装备最特别"的建构主题，让幼儿化身为动画片里的主角，搭建属于自己的装备工具。

2. 主题中融入故事情境

为了更好地激发幼儿创造性思维，将故事情境融入建构主题当中，这种做法有助于发展幼儿的创造力和想象力。故事情境化建构指教师给幼儿讲述一个故事，随后教师根据故事情节并结合幼儿的已有认知经验，对他们提出建构要求，在理解故事内容的基础上引导幼儿进行创意建构。

（1）选择绘本故事

Serafini（2014）认为绘本是最能激发人们想象力的。因为绘本只提供部分内容，因而需要阅读者通过自己的想象、加工拼凑出完整的东西。孩子们不仅需要理解绘本的图画内容，还需要凭借个人的想象力和创造力来诠释绘本中的故事情节。合适的绘本可以为幼儿提供一个广阔的想象空间，将自己对故事情节的创意想法通过建构的形式呈现出来，对幼儿想象力和创造性思维的发展都起到了重要的促进作用。绘本的种类繁多，但并不是所有的绘本都适用于建构游戏。合适的故事及绘本能为幼儿提供丰富的经验，所以教师应选择具有趣味性、场景性、挑战性、游戏性、创意性的绘本。

首先，教师可以选择多情境的绘本，绘本的故事情节要能促进建构游戏的发展。如竹下文子的小巧手系列绘本《咚咚！搭积木》《铁轨铁轨连起来》等，故事里小朋友搭积木时遇到了大恐龙怎么办呀，墙倒了怎么办呀，"铺铁轨"的过程中遇到麻烦了怎么办呀；再如宫西达也的小卡车系列绘本《小红和小粉》《小黄和小绿》等，故事中可爱的汽车们遇到困难、克服困难，最终完成送货的有趣情节。教师也可以选择一些多场景、能够涉及各个地方的绘本及改编故事，如《母鸡萝丝去散步》《鸭子骑车记》《猪也会飞》等，故事中的角色会经过农庄、小镇、田野等场景。

其次，教师要选择幼儿熟悉的且符合年龄特点和兴趣的绘本，让幼儿代入到故事情境中去，设身处地为故事人物着想，进而提升幼儿的想象力和解决实际问题的能力。

在阅读《神笔马良》故事绘本时，孩子们都对故事中的骏马、大船感兴趣，于是在建构区组织大家搭建故事当中的场景。

"我们一起搭建的是故事里的马，但是我们坐不上去，这个马一碰就倒了。"

"我们坐不上马就会被地主给抓住的。"

"那我在后面加一排位置，这样我们就可以坐在马车里面了。"

"一匹马肯定拉不动我们，我再来建一匹马。"

幼儿通过故事情境发现"一匹马"很难坐下他们几个人，于是创造性地想到了增加一个车厢，又担心"一匹马"拉不动大家，又想到了再增加"几匹马"。幼儿在原本的故事场景中不断发挥想象，将生活经验与创造性思维相结合，并运用到建构游戏当中去。

（2）创设故事情境

在建构游戏中，教师除了可以运用绘本来创设故事情境，也可改编故事。如"奇幻之旅"，朵拉带领大家穿过丛林、河流、沼泽、山洞，最后到达天空之城。这些都可以成为建构游戏的内容，幼儿的建构兴趣得到满足，从而引发故事情节从局部到整体，从独立到连续，从简单到复杂，故事中的场景不断细节化、丰富化、创新化。在故事情境化建构过程中，幼儿的创造性思维也不断地得到提升、发展。

教师还可以采用自编的方式创设故事情境。如"拯救月兔"中，孩子们化身为汪汪队的小成员，在教师莱德队长的带领下，帮助嫦娥仙子拯救小月兔的故事。孩子们将自己捕捉到的绘本信息和故事内容迁移到建构中去，不仅可以丰富建构场景，还可以让他们想出多种办法解决这些问题，生成角色游戏，真正达到了创意建构的目的。教师也可以根据幼儿的兴趣创编故事。幼儿对枪战游戏特别感兴趣，喜欢用类似于枪支形状的积木来玩狙击游戏，但是较少与"枪战"相关并适合幼儿的绘本。因此，教师从幼儿喜爱的动画为切入点，创设了"拯救月兔"的游戏主题，在这个大主题下包含两个子主题"枪林弹雨"和"宇宙飞船"。

在"枪林弹雨"的故事情境中，有的孩子说我们是蓝色小组，墙壁要建成"蓝色"；有的孩子想到："我们的堡垒上怎么没有武器呀？敌人打过来我们怎么办？"于是大家开始分工，有的拿来奶粉罐和矿泉水瓶当作"炮弹"，有的拿来纸筒芯当作"望远镜"……建构完成之后，教师引导幼儿玩起了"枪战"的游戏。

根据故事情节的发展，在解救月兔的过程中飞船被敌人击中了，没有飞船就不能送月兔回到嫦娥仙子的身边。这一次孩子们的任务是搭建一艘"宇宙飞船"。

通过故事情境的牵引，幼儿在建构时会联想到"我是侦察员，要来观察敌人动向""我们的飞船需要装备能够抵御敌人的武器"等等，再加上幼儿化身为他们最喜爱的动画角色"汪汪队"，极大地激发了幼儿的建构兴趣和建构热情。在"对战"的故事情境中，幼儿通过"负伤""治疗"等情节想到了搭建"病床"，明显地体现出幼儿思维的变通性，也说明丰富的故事内容能为幼儿在建构游戏中更好地展示其想象力和思维的变通性提供了可能。因此教师不必局限于绘本，根据幼儿感兴趣的内容进行创编故事，也能达到培养幼儿创造性思维的目的。

由此可见，从幼儿兴趣点出发的故事情境化建构游戏对幼儿的创造性思维起到了积极的促进作用，建构游戏中的故事情境可以帮助幼儿和故事中的角色产生情感连接。教师可以通过故事的角色对幼儿提出搭建要求，将故事内容中的关键元素通过建构的方式呈现出来。幼儿能够在理解的基础上更用心、更投入、更有创意地去满足角色的需求，激发他们的建构动力和创造力。在故事情境背景下的游戏能够更好地促进幼儿综合能力的发展，对于发展其问题解决能力、知识理解与运用能力、合作能力及创造力等都有很大的帮助。

因此，将基于故事情境的建构游戏在选择故事情境时的参考依据总结如下：故事情境可以激发幼儿的建构兴趣；故事中的建筑物可以采取多样化的方式建构；故事场景呈现多元化可推动建构进程；故事线索可以引导幼儿猜想情节的发展，丰富细节；故事内容可以满足幼儿角色及表演游戏，凸显游戏性和创造力。

（二）投放促进幼儿创造性思维的材料

蒙台梭利认为"有准备的物质环境"能够引导幼儿积极思考和主动发现，因此教师应提供可将教育内容物化为儿童活动对象的材料。从不同年龄幼儿对材料的喜好上来看，低年龄段的幼儿更喜欢高结构化、仿真性强的游戏材料；高年龄段的幼儿由于自身的认知水平和建构技能的提高，更偏向于非结构化、替代性强的游戏材料，这些材料可以通过自身的操作进行随意组合、拼搭。

在建构游戏材料的投放中，首先要满足物质材料投放的适宜性、安全性和经济性等原则；其次是教师要根据游戏的内容或故事情境有选择地投放与之相符合的游戏材料，针对不同年龄段的幼儿投放的材料也应有所不同；再次，投放的材料要满足一物多用、以物替物的原则，不断激发幼儿的创新意识；最后，教师要鼓励幼儿能够参与到建构材料的制作当中，发展社会交往能力。

1. 利用专用的建构材料进行创造

（1）单元积木

单元积木最早由普瑞特提出，其灵感直接来源于福禄贝尔所创造的恩物。单元积木通常是原木色，并且以精确的比例制作了"基本块""双倍块""四倍块"。其中最基本的形状是长方形，除此之外，单元积木还有圆弧形、三角形、不规则形等形状。

（2）空心积木

大型空心积木更适合幼儿在户外或者有较大户内空间的地方开展建构游戏，可以为幼儿提供与单元积木不同的建构游戏经验。空心积木的安全性、操作性要求更高，要让幼儿拿得起、搬得动，并能为幼儿提供更广阔的建构空间，充分发挥幼儿的想象力和创造力，激发幼儿的建构成就感。[1]

---

① 林玉萍.建构区活动指导手册 [M]. 北京：北京师范大学出版社，2017:11.

由于单元积木和空心积木颜色统一、数量较多、形态固定，所以经常会被幼儿用来搭建一些基础性的建筑物，如房子、大桥、高楼、围墙等。

（3）积塑类材料

积塑是指色彩鲜艳、不同质地的塑料，可以制作出各种形状的小巧积塑片、块、粒、棒等，供幼儿拼插、镶嵌，建构成各种物体。它是一种创造性非常强的游戏材料，幼儿可以创建出不同的玩法和建筑物，同时还能锻炼了幼儿的创造性思维和动手能力。

2. 收集可回收利用的废旧材料进行改造

除了常规的建构材料外，教师还可以根据幼儿的年龄特点及兴趣增加一些日常生活中的低结构材料，例如矿泉水瓶、泡沫积木、瓶盖、纽扣、硬纸盒、绳子、吸管等，鼓励幼儿能够结合故事的情节及游戏内容对建构材料进行积极的探索、尝试、搭建。建构过程中，教师不要限定搭建的方式方法，幼儿可以根据自己的想象随意改造、自由建构，这样也能为幼儿提供充足的探索条件。

在搭建"武器"的活动环节，明明搭建了一架"战斗机"，他将泡沫积木作为"机身"，矿泉水瓶作为"机舱"，三个易拉罐是飞机的"喷射器"，两个纸筒芯是飞机的两个"炮弹"。最后，他还使用了其他幼儿都没有用到的矿泉水瓶盖当作"发射器""开关按钮"和"加速器"。

小雅制作了一个水陆两用的望远镜。她将矿泉水瓶的底端嵌入小纸箱的中间，在瓶口处套上一个纸筒芯。她想到要在纸筒芯中间挖一个洞，再将一个纸筒芯从这个洞中间插过来。她说这样在水里也不用担心看不见敌人了，因为水会从洞口处流到纸箱里。

投放新的低结构材料时，教师可以让幼儿对新材料多熟悉，尽可能多地尝试各种不同的玩法。当材料能激发孩子们的想象力和好奇心，让他们对世界上的事物产生好奇以及通过操作这些材料可以学到东西时，那么这种方法就是有效的方法。从案例中可以看出，幼儿对于材料的探索不是简单地停留在对材料的位置摆放上，而是会改变材料的形态，采用分解、镂空、嵌入、穿插等方法来探究材料的多种建构方式。显然这类材料能充分地满足了幼儿的好奇心，促进了他们创造性思维的发展。

投放在建构区的低结构材料一般不需要特意去购买，幼儿可以从家中、户外等地方收集到这些材料。幼儿看到自己从家里带来的熟悉的材料都会特别兴奋，当他们使用自己带来的废旧材料时，通常会更好地激发想象力。

　　倡导家园相互合作，教师应鼓励家长和幼儿一起收集生活中的废旧游戏材料，要让幼儿成为建构材料的收集者和使用者，在建构中知道自己需要什么、缺少什么，从而达到提高游戏材料收集的目的性，有效地提升游戏质量和水平。

3.随游戏故事情节发展及时调整材料

　　材料是打开幼儿创造性思维的一把钥匙，是游戏活动的物质支柱，但是游戏材料的投放并不是一次就可以完成的工作，教师要随着故事情境或游戏情节的发展适时地增加或删减材料，以保证幼儿建构的积极性。例如在搭建城市马路的主题下，当建构游戏进行一段时间后，幼儿已经能熟练地运用建构材料搭建出某些物体的主要特征，如习惯性地用大纸箱去搭建马路，这就渐渐失去了建构游戏的创新性。教师可以适当减少大纸箱的数量，增加一些辅助材料，如交通标志牌或几辆小汽车，幼儿建构的城市里就会出现为了避免堵车而用薯片桶和鸡蛋托盘架起的"高架桥"，泡沫积木、一次性托盘和交通牌组合成的"人行横道"，积木和纸杯搭建的"转弯道"和"分支道"等等。除了投放低结构的建构材料之外，适当地增加一些高结构化材料，也可以延伸游戏情境。

　　幼儿有了充分的时间去探索新增材料的各种建构方法后，就会结合以往的建构经验及游戏内容，将其他低结构材料进行组合。

　　在搭建的过程中，聪聪看到材料区旁零散地放了几个积塑片，于是拿着积塑片问："老师，我可以用这个吗？"得到肯定的答案之后，聪聪将积塑片当作了大桥两边的装饰。俊俊看到后说："我可以用这个搭建成一条大鳄鱼！河里有鳄鱼，走过桥的时候千万不能掉下去！"说完，他搬来了更多的积塑材料。

　　幼儿能根据游戏情节合理有效地使用眼前所看到的材料，如使用积塑拼搭成河里的鳄鱼。在建构完成开始游戏时，幼儿通过小桥会喊道："快走啊！有鳄鱼！"有的幼儿会快速地跑着通过小桥，有的会一边说我害怕一边慢慢地爬过小桥。不同的材料创建出另外一幅游戏场景，在游戏过程中能突显出幼儿的主体作用，促进其创造性思维的发展。

4. 鼓励一物多用激发幼儿创造

单一的建构游戏材料很难引发幼儿对故事内容及游戏情节的联想，而多样化的低结构建构材料可以充分满足幼儿的探索行为，并对故事内容中的场景产生积极的互动。在幼儿熟练掌握材料的建构方法后，教师可以启发幼儿充分发挥自己的想象力和创造力，寻找其他方法及替代物，有机地开展一物多玩、以物替物的建构游戏，帮助幼儿进行富有故事情境的主题搭建，保持游戏的新鲜感，不断提升幼儿的创造力思维。

如故事情境游戏中，幼儿根据薯片桶的形状和颜色，在"宇宙飞船"中用来搭建"火箭"，在"天空之城"中用来建构楼房和高架，在"八方支援"中用来当作汽车的"报警器"等等。通过后续的观察与沟通，教师发现幼儿的替代意识得到了很大的提升。

5. 鼓励幼儿参与材料制作

随着故事内容和游戏情节的不断推进，教师可以在建构区投放一些美工区、角色区的辅助材料，鼓励幼儿在故事中制作新的建构材料，使得各区域之间的材料联合互通，突破各个区域的材料只能在各区域使用的局限性。这样不仅可以增强幼儿之间的交往能力，而且还能够让幼儿根据故事内容发展的需要寻找和制作材料。

"我们搭建的这个火锅店还少了一些装饰。"

"这里有红色的易拉罐和蓝色的薯片桶。"

"但是这个摆不上去，也不好看。"

"对了，今天手工课我做了一个纸灯笼，可以把它挂在火锅店门口！"

"太棒了！"

"我看到门口是挂两个灯笼的。"

"那我可以再去（手工区）做一个！"

"好！那我去（角色区）拿火锅店要吃的蔬菜和肉。"

……

搭建完成后，孩子们玩起了角色扮演游戏，有顾客、有主厨、有店员，大家都沉浸在游戏当中，玩得不亦乐乎。

Laevers（2000）认为，参与更高水平游戏的一个关键因素是儿童有选择的机会，儿童能够自主选择的活动越多，他们的参与程度就越高。儿童发起的活动有可能是儿童参与程度最高的活动，能够表现出更多的想象力、灵活性和创造性。

（三）创设有丰富教育资源的环境

环境被看作幼儿的第三位老师，因为环境包含丰富的教育资源，对孩子的学习起着非常大的促进作用。幼儿园环境创设的意义在于利用周边一切可以利用的环境对幼儿进行教育，也就是说利用环境中各种有价值的信息、因素对幼儿进行生动、直观、形象而又综合的教育。

1.适宜的室内空间

《3—6岁儿童学习与发展指南》指出："环境是重要的教育资源，应通过创设并有效地利用环境促进幼儿的发展。"建构区活动的环境创设要根据幼儿的水平和发展需求出发，在建构空间上满足幼儿的建构需求。

小文与昊昊合作搭建一个"恐龙乐园"。

昊昊："你看！我搭建了一个'霸王龙'。我可以像玩碰碰车一样玩。"

小文："那我要搭建一个大大的'三角龙'，挡住你的进攻！"

昊昊："不行，已经没有位置可以搭建'三角龙'了，你搭建其他的吧！"

于是小文失望地看了看建构的位置，找材料搭建其他的建筑物去了。

幼儿在建构过程中，想象力也在不断延续，建构场景及搭建的作品随着创造力的发展变得越来越丰富，因此，幼儿很容易因为场地问题与其他幼儿产生矛盾。为了更好地启发幼儿的创造性思维，提升创造力的变通性和精致性，教师应该为幼儿提供适宜的建构空间，如每位幼儿有3—5平方米的室内可用空间是最理想的。

2.巧用通道和走廊空间

幼儿园教室常常因为空间有限，很难继续扩大室内的游戏区域。因此，处于死角区域的走廊和阳台就可以充分利用起来，在不影响其他幼儿及教师正常通行的情况下，可以适当地延伸建构区，开放更多游戏场地。如在门口的走廊搭建一座小桥，幼儿从"草地"（休息室的进门口）出发，经过"小桥"（走廊），到达"丛林"（休息室的出门口）；在两班之间的通道搭建一个"消毒通道"，穿过"通道"就来到了"火神山医院"。

希希和小川一起搭建"火神山医院"。

希希说："我看到电视上医生都是把病人从外面的很长的通道上推进来的，我们的医院门口还少了这样的通道。"

"那我们要搭建一个很长很长的长廊（通道）。"

说完，他们用泡沫块、纸盒、纸筒芯搭成了"通道"，一直延伸到了门外的走廊处。

小川向其他幼儿介绍怎么玩："医生带着病人从门口的通道过来，经过这个（班级）大门时，它会自动消毒，只有消毒了才能进到医院里，然后我（医生）来给你们看病。"

随着建构空间的逐步扩大，游戏主题也在不断增加，幼儿的思维不再被狭小空间限制，想象力持续迸发，并能够在活动中一一实施。

3. 充分利用户外游戏空间

户外建构游戏为幼儿提供了选择那些在室内环境中受限制的自然材料的机会，如沙子、水、石头等。充足的建构场地及丰富的自然材料，为幼儿创造力的发展添上了浓墨重彩的一笔。刘炎（2004）也认为，户外建构游戏相比于室内建构游戏来说，空间上会更开放，在自然环境中开展户外建构，能让幼儿更贴近大自然，增强适应性，有利于促进幼儿的生长发育和想象力、创造力的发展。

户外游戏活动材料可以以碳化积木为主，其他废旧材料为辅，结合游戏情节或故事场景搭建各种建筑，如沿海大桥、童话城堡、游乐园等。孩子们能在游戏中达成认知、创造想象、合作交往等多项目标。教师可以根据游戏活动安排，每周组织一到两次大型户外游戏活动，让不同年龄的幼儿都参与进来。

4. 创设建构游戏主题墙

创造力来源于生活，建构游戏灵感则需要以现实为依托，建构区墙面是一堵会说话的墙，可以变成幼儿创建和游戏的桥梁。如可以将与建构主题及故事内容相关的图片打印出来贴在墙上，"丛林探险"中的情境布置是以绿色为主调，教师可以在墙面上张贴一些大树、湖泊、沼泽、高山等图片，让幼儿沉浸在故事情境中，设身处地地进行建构，通过与小组成员的讨论及协商，思维碰撞出创意的火花。

建构游戏开始了，教师在故事中给予幼儿"大河""高山""沼泽地""小路"等情境，并在墙上贴了相应环境的图片。

昕瑶和小睿在建构小路时，昕瑶看着森林的图片说："我在电视里看到丛林里是有很多小动物的。"

小睿回答道："对，我也看到过，有小白兔，有小猴子……"

昕瑶："还有大老虎和大灰狼！"

小睿："对对！"

这个时候教师假装惊讶地说道："小朋友们，要是我们遇到了大老虎怎么办呀？"

昕瑶说："我们有武器，可以打败它。"

教师："但是在拯救月兔的时候，我们的武器就已经全部用完了。你们可以帮我想想，怎么躲避大老虎吗？"

小睿想了想回答道："我们可以搭个小木屋！老师，我们可以搭建个小木屋吗？"

教师："太棒了！这真是个好主意呢！"

张贴与建构游戏及故事情境相关联的场景图片，可以帮助幼儿更快地沉浸在场景中，设身处地地进行思考与创建。

另一方面，教师可以将幼儿的建构作品拍摄下来，用图文并茂的形式呈现出幼儿别具创新的建构作品。幼儿在墙面区看到自己的创意点子被展示出来，会提升他们的满足感和认同感，建构热情持续激发，建构创意水平不断发展。

（四）促进创造性思维的师幼互动

皮亚杰曾经指出："在游戏中，儿童是自我主宰世界。"好奇心强，求知欲旺盛，想象力丰富，喜欢探索未知的事物是每位幼儿的天性。建构游戏就是在尊重幼儿主体性地位的基础上展开的，幼儿作为天生的探索学习家，建构游戏的主题、材料、空间、环境等给他们提供了充足的探索条件；但同时，由于幼儿年龄发展的特点，导致他们在各方面的探究学习上还未做好充分的准备，如果缺乏教师有效的指导，孩子们思维的灵活性及创造力就很难得到发展。

1. 教师作为建构游戏过程中创造探索的引导者

教师要解放固有思维，从不同的角度及层面出发，为幼儿创造探索的机会，从而挖掘其潜在的创造力。

在上一次的建构活动中，教师引导幼儿建构了各种各样的武器，明明一直沉浸在搭建武器的余热当中，新的建构主题活动开始没多久，明明跟老师说："老师，我还想搭一把机关枪，我需要用到胶带把它们粘起来。"老师说："哎呀，胶带已经在上一次活动中用完了，我们一起来想一想，有没有不用胶带也可以建构成机关枪的材料呢？"明明没有给予回应，还是一直嘟囔着要找胶带。过了几分钟，教师带着明明来到材料区说："这里的所有材料我们都可以用哦，我们试一试不用胶带搭建出一把神奇的武器吧！"于是，明明选择了积木、纸筒芯和矿泉水瓶，搭建了一把不一样的"机关枪"。

在幼儿的建构游戏中，教师需要明确创造性思维的内涵，了解促进创造力发展的各种途径和方式，挖掘幼儿潜在的创造力。不仅在幼儿建构时要引导他们创造性思维的发展，而且还可以在建构前进行指导，如引导幼儿观察建构物的不同造型、不同特点，拓宽幼儿思路，询问幼儿还有没有新的想法、还可以怎么搭建等。教师要用欣赏的眼光和多样化的引导方式激发幼儿在建构游戏中的闪光点和想象力，鼓励幼儿创造力不断提升。

教师还应该注意让每位幼儿都参与到建构游戏活动中，可以引导他们进行分工或分组合作，增加幼儿角色功能，如建筑设计师、材料搬运与供给者、内部协调指挥者等，帮助幼儿进行建构前的分工合作及小组讨论，集体参与提出建构策略，共享创意想法，提升幼儿合作能力及创造力水平。在遇到搭建问题时，教师应引导组内成员进行协商，每位幼儿都可以提出自己的想法，群策群力解决问题，及时探寻最优方案。幼儿可以围绕新方案进行即时评价与反思，不断生成更具创意性、形象更鲜明的建构作品。

2. 教师作为游戏中问题解决过程的参与者

教师作为游戏主题的设计者，可以采取角色参与的方式与幼儿进行互动。例如在"拯救月兔"的故事情境化建构游戏中，教师化身为"莱德队长"，孩子们是"汪汪队的成员"，构成问题情境的帮助者与解决者。

在"拯救月兔"的游戏环节，孩子们在搭建完各自阵营的"城堡"和"炮弹"后，在教师的组织下玩起了"双边对战"的游戏。这个场景中，幼儿不断地重复"修建堡垒""攻击堡垒""再修复堡垒"的过程，幼儿想象力、创造力没有得到发展。这时教师（莱德队长）参与到游戏中。

教师说："汪汪队长，你看，我们装子弹的篮子被敌军偷走了。我们子弹快没有了，怎么办呀？"

"报告队长！我可以来帮战士们收集对面打过来的子弹。"

"队长！我们来搭建一个子弹库，这样子弹就不会被偷了！"

过了一会儿，教师说："哎呀！我被打中了，我受伤了！"

"快送医院！"

教师说："可是这里没有医院，医院在很远的地方。战地医生在哪里呢？"

"我！我来做医生！"

"我来搭建伤员睡的床！"

……

幼儿在游戏情境下新增了"子弹库""担架床""医疗室"等建构作品，游戏角色也由单一的"战士"发展为"医生""后勤保卫"等多样化的角色。教师根据幼儿的游戏行为，不断地转变自己的角色定位，从外围角色变成游戏中积极的参与者，与幼儿一起在游戏中深入探索，将游戏的内容加以延伸，不断激发幼儿创造性思维的发展。

3.教师作为游戏中儿童学习创造过程的支持者

教师要为幼儿创造适宜的学习条件，做到充分支持、引导和激发幼儿的学习，要以了解和理解幼儿为前提。在建构游戏中，教师根据幼儿的需要给予相应且适宜的支持，如主题、环境、材料及互动的机会。这样能够帮助幼儿积极地投入到建构游戏当中去，不仅能最大限度地发展幼儿的想象力和创造力，还能帮助幼儿在游戏中习得一些新的技能。

（1）语言及行为鼓励

建构前，教师应该鼓励幼儿大胆地说出自己的想法，勇敢地表达自己对搭建的不同意见，如"你很有想法，你可以将你的想法搭建出来吗？""你可以再想出更多更好的办法吗？"

建构过程中，教师对于幼儿天马行空的作品要给予肯定和支持，这里的肯定不是简单的"哦"或者"好"。如在交通工具的建构游戏中，幼儿正在搭建一架飞机，孩子们兴奋地将搭建好的一部分展示给教师，并说："老师你看，我们在搭建飞机，这个是我们建好的机长室！""对！这个是启动的按钮，这里是飞机两边的大炮！""还有这个是飞机外面的彩色亮灯，到了晚上这个灯就会亮起来发出各种颜色不同的光！这个是我想到的！"面对幼儿的想法，教师拍拍手，笑着说："你们搭建的这台飞机上加了不少新功能，那台飞机建得真漂亮！老师希望接下来在你们的搭建过程中可以看到更多更好的点子！大家加油！"

同时，教师还可以与幼儿进行肢体、动作的接触，比如摸摸头、拍拍幼儿的肩膀，也会使幼儿信心倍增。教师用欣赏的眼光看待孩子们的游戏行为，用平等、温和、赞赏的语言与孩子们对话、互动，更有利于促进幼儿创造性思维的发展。

（2）主题中为故事留白

当教师创设了故事情境后，需要为留有幼儿发挥想象力的空间。例如在"朵拉的奇幻之旅"故事中，教师化身为"朵拉"，幼儿化身为"朵拉的好朋友"，在寻找"天空之城"的过程中首先要穿过一片"丛林"，要面对宽宽的"大河"、高耸入云的"大山"、泥泞不堪的"沼泽"和蜿蜒曲折的"小路"，最后到达终点"天空之城"。那么"天空之城"应该是什么样子的呢？在那里"朵拉"和她的好朋友们又会发生什么呢？可以让孩子们自己去思考和讨论。

大宝在搭建"天空之城"时，与同组的恺恺交流，他们想搭建一座自动化的住宅楼。

大宝兴奋地说："在大楼的顶部有两个照明用的大灯，一到晚上这个灯就会自动亮起来，让回家的人都可以看清路，它还会发出不同颜色的灯光，看上去会更漂亮。"

"这个是大楼的电梯，这个是休息室。这里还有我们拼的小床和沙发椅，当人坐在椅子上面的时候，它可以随意升降。"

恺恺说："大楼中间还有个洗漱层，当人们坐在长椅上的时候圆弧形积木拼成的莲蓬头就会自动出水，并旋转着让坐在椅子上的人都可以淋到水。"

"最底层是娱乐层，这里有'转圈圈'游戏设施，大家可以一起来玩。"

……

幼儿获得了延伸故事场景的经验后，教师可以将建构游戏的主导权交给幼儿，开放式的故事情境让幼儿自主创编下一个故事内容。例如在"抗击疫情"主题下，通过疫情期间发生的感人故事，教师创设了第一个主题

"疫情防控"，幼儿搭建完成"农田"和"蔬菜水果"后联想到自己吃不完怎么办，在孩子们的讨论声中创设出了"八方支援"的建构主题。

"疫情防控"中，笑笑、雨珊和思思共同搭建了一个"农田"，左边种植了"大白菜""小辣椒"，右边种了"葡萄""蓝莓""橙子"等各种水果。

思思说："老师，这么多的水果，我们自己吃不完，可以把蔬菜和水果送到疫情最严重的武汉去。"

"那我们怎么送过去呢？"

川川说："我在电视上看到了，可以坐地铁过去。"

小俊说："不对！是坐火车！"

希希说："还有飞机！我看到解放军叔叔坐飞机过去。"

"还有汽车！""还有大卡车！"……

孩子们的热情被点燃，都兴奋地喊着各种交通工具。

雨珊问："老师，我们下一次可以搭建火车吗？我想搭建火车给武汉人送医疗物资。"

"我想搭建一架飞机，里面可以坐好多医生和解放军，去帮助武汉。"

"我想搭建汽车！""我也要搭建飞机！"……

教师说："大家都非常棒！我们下次活动就搭建各种交通工具，带上我们的物资一起去支援武汉，怎么样？"

孩子们开心地喊道："太好了！武汉加油！"

幼儿完全投入到故事情境当中去，大胆地表达自己的想法，提高参与的自主性和积极性，并结合自身的生活经验，创编出一个新的故事情境，建构的热情被充分调动起来，建构目标也更明确，游戏情节也更加丰富了。

（3）建构前设计规划图

建构的行为让幼儿对建构的形式有了形象的理解，一旦他们搭建了一个建构物，会很愿意去尝试将它画出来，这是帮助幼儿了解并意识到他们创造力和潜力的好方法。绘画可以帮助孩子们更有计划、有目的地开展建构游戏。对于多情境的建构主题，绘制设计图有助于让幼儿更好地规划场地空间，避免因为建构区场地问题而产生矛盾。

建构刚开始的时候会出现个别幼儿盲目无合作搭建的情况，教师可以引导幼儿提出先商量画设计图，然后再建构。有相同搭建兴趣的幼儿自动成为一组，并由组内的"设计师"在纸上选择位置，画出需要搭建的建筑物。再由下一组的"设计师"用同样的方式选择绘画位置，并画出设计图，以此类推。随后"设计师"带领组内其他成员找到相应的空间位置，与"建筑师"讨论之后进行搭建。

幼儿根据预设的建构图纸进行讨论、商量、合作，共同协作完成主题作品。第一组孩子说要搭建医院，于是在设计图上画出了只有一层的建筑图。

教师问："你们想搭建一个什么样的医院呢？"

可可说："我们要搭建火神山医院。"

教师说："火神山医院的特点是它占地面积很大，但是我们教室没有那么大的位置，怎么办呢？"

小俊说："那我们可以把医院建高一点吗？我们建一个高高的火神山医院，这样就可以住更多的病人。"

教师说："你的想法真是太有创意了。火神山医院不一定是矮矮的，我们还可以建一个高高的火神山医院。"

说完孩子们将火神山医院画高了几层。

教师说："我看到大宝他们准备在旁边搭建一个防疫站，佳佳他们要搭建一个蔬菜大棚。病人和蔬菜要怎么安全地送到医院里面去呢？"

可可说："我看到电视里的医院，进去的时候要经过一条很长很长的（消毒）通道，进去的食物还有医生都要先消毒。"

浩浩说："我知道了，进医院的人要先消毒。我们可以在医院门口搭建一个消毒通道。"

幼儿的建构热情被充分调动起来，建构目标也更明确，游戏情节也更丰富了。

游戏开始前，孩子们依据设计图上的位置划分场地，根据自己的图稿搭建建筑物，避免了因为空间问题而产生的争吵。幼儿的思维不再被空间限制，创造力的流畅性得到了极大的发挥。

（4）适时干预和退出

教师进入和退出幼儿的建构游戏或者从一个策略转为另一个策略，时机很关键。其中，最关键的是教师对正在进行建构游戏幼儿的观察时间要足够长，通过观察幼儿行为、倾听幼儿交流，然后再决定是否有必要进行干预。而当教师选择对幼儿的游戏进行干预时，就必须做到自然地融入游戏中，不打扰幼儿正常的建构游戏进程或者完整性。

教师进入正在搭建宇宙飞船的五名幼儿游戏活动中，目的是让幼儿发现建构的飞船里只有一个房间，想象力及游戏行为受到限制，为此需要增加多个故事场景。

教师说："我们终于躲开了敌人的追击，我和小月兔现在是又困又饿。"

幼儿答道："队长，我去给你做饭吃，我做的牛排好吃极了。""我们缺少了一个厨房，要再搭建一个厨房。""还有吃饭的桌子和椅子。""厨房还有微波炉，我会搭。"……

幼儿相互之间讨论，创意灵感被点燃，建构的场景自然越来越丰富。

退出游戏与自然进入幼儿的游戏一样重要，教师要将游戏的主导权交还给幼儿，并支持幼儿游戏的持续进行，让孩子们自己拓展故事内容及游戏情节。作为游戏框架的设计者、引导者及参与者，教师可以用讲故事的方式解释自己为什么退出游戏，或者变成一个不太活跃的角色。

教师说："我和小月兔吃饱了，但是我们太无聊了，飞船上面一点也不好玩。"

幼儿说："我们可以在飞船里建一个滑滑梯。"

"还可以建一个空中花园，我们可以一起来散步。"

教师说："哇！好棒呀！那我和小月兔先去睡一觉，希望我们睡醒了就可以一起玩了！"

当孩子们玩得特别投入的时候，合理的退出会使教师有效地变成游戏的旁观者。这种合作探究式的师幼关系保证了幼儿的主体地位和教师的主导地位，达成有效的师幼互动，实现师幼互动中的双赢。

4. 教师作为幼儿声音的倾听者

倾听是一种能够了解对方观点和想法的方式，教育学专家里纳尔迪在她的"倾听教学法"中指出"孩子们不能接受被忽视"。她认为通过认真倾听孩子的声音，教师可以及时地提供帮助，让孩子们的想法变得有可行性。当孩子们开始建构游戏时，教师要认真倾听他们说话意味着什么，可以通过自我询问来掌握倾听的目的和内容。比如，当孩子们在搭建时，我注意到了孩子们说什么了吗？孩子们投入建构游戏玩耍时，会涉及什么主题和故事情境？下一步将怎么发展？当孩子们遇到问题时，他们是否有求助？他们会说些什么？……在找到倾听幼儿声音的方向之后，教师将会发现幼儿的好奇心和创造力是多么的不可思议。

（五）观察与记录幼儿的创造性行为

教师应该对幼儿在游戏过程中的语言、行为等进行重点观察，关注他们解决问题的能力以及所获得的有益经验。因此教师的观察记录能力对指导幼儿建构游戏有着重要的辅助作用，为后面开展的分析及评价奠定基础。

1. 全面观察与记录

全面观察的内容包括幼儿之间是否有分工合作、同伴之间是否有交流想法、搭建的过程中如何选择材料、是否与建构游戏主题环境互动、幼儿的建构行为中是否有创造力的存在、游戏环节如何开展等，教师要将这些内容进行大致的记录和筛选。

2. 重点观察与记录

当孩子们的游戏进行到一半的时候，教师可以对于部分幼儿进行个案追踪，近距离地观察记录他们游戏开展的情况。教师可以化身为游戏情境或故事内容中的角色与幼儿对话，如"服务员，我要喝一杯饮料，这个（建构的）机器怎么出饮料呢？""我下班了，现在要回家进入（你搭建的）小区里，要怎样才能进去呢？"教师要知道幼儿建构的作品名称、清楚幼儿如何将建构作品与角色游戏结合并起来玩、挖掘幼儿新奇的想法，更重要的是对建构游戏的过程及作品进行记录，包括照片记录及视频记录，以备在分享环节给予全体幼儿一个直观的参考。

3. 视频与照片记录

视频及照片记录是一种有着高度激励作用的研究工具，是一种引出儿童观点的有价值的手段，在观察儿童创造性思维时尤其有益。由于建构区幼儿人数较多，人员较分散，教师很难对每位孩子都做到重点观察。因此，这就需要通过视频及照片的形式对幼儿的建构行为及创新想法进行记录。教师可以用手机或者摄像机拍摄幼儿建构游戏活动及他们的讨论，或者将摄像机固定在班级特定区域的三脚架上，进行拍摄。以此方式，教师可以看到特定时间及范围内幼儿在建构游戏活动当中发生的事情。

小杰在最初进行建构游戏时，由于建构能力有限，搭建出来的作品简单且情节单一。教师通过视频观察发现，小杰几乎都是在独自游戏，偶尔几次参与到其他小朋友的建构游戏中，却又很快退出来。原因是在建构时，小杰因为比较内向，很少发表自己的意见，并且在其他幼儿的眼里小杰搭建的建筑物并不符合建构主题，所以容易被忽视掉。

针对这种情况，教师准备在小杰进行建构游戏活动时采取一些积极鼓励的措施。首先是教师作为小杰的"合作伙伴"，与他一起搭建建筑物，并且鼓励他说出自己的想法。其次是以邀请的方式，寻求周围孩子的"帮助"，让孩子们帮助小杰和教师共同建构，解决遇到的"困难"。在这个过程中，教师鼓励小杰和孩子们大胆交流，并对小杰的想法及时鼓励和称赞，让他树立自信心，同样也激励大家多与小杰沟通，培养他们的合作意识，将大家的力量形成合力。最后教师"适时"退出，将建构区交给小杰和他的伙伴们。

经过2个月左右的视频观察，教师发现小杰在建构前会和小伙伴们讨论交流，分享自己的想法，和大家一起分工、合作，学会尝试选择不同的建构材料进行搭建，建构的作品精细化程度越来越高，建构的场景也越来越丰富。

以视频的形式记录幼儿从建构作品缺乏创新性到合作建构游戏这一进步过程，能帮助教师判断及分析接下来可以设计什么内容的游戏主题、投放什么类型的建构材料、采取什么样方式继续促进幼儿创造性思维的发展。

同样，视频和照片不仅可以帮助教师更好地观察幼儿的建构行为和创造力的表现，也可以让孩子们看到自己建构时的过程，帮助他们回忆当时搭建的想法、遇到的问题以及解决的方式。

教师有时候会将孩子们建构的视频放给他们看，例如视频中有些体积偏小的低结构材料被使用的频率不高，幼儿拿取和放回材料时似乎比较费劲。参与建构游戏的幼儿一起观看视频录像，有些孩子会边看边解释自己遇到的问题，或者用头脑风暴的形式说出拿取材料的有效方式。

建构游戏完成后，教师可以边拍照边采访幼儿，让幼儿解释自己的建构游戏作品、创新点以及怎么玩。

三个小朋友共同搭建了一辆坦克车，在搭建完成后教师问道："这是什么呀？看上去真厉害！"

子阳说："这是我们搭建的坦克车，这里是启动的开关。"

　　轩轩说："我们可以坐在这里（坦克车的座位），这样就可以开着坦克去救援啦！"

　　教师说："你们的想法特别有创意，搭建的坦克车也很帅气，我来给你们和坦克车一起拍张照吧！"

　　"哇！太好了！""等一等，那我要将我们的坦克车装饰得更好看些！""我还有个主意，我要给它添加一个大炮！"……

　　由于建构材料体积较大，建构作品无法保留，往往在建构游戏结束之后，所有的搭建物都要拆除，并将建构材料放回材料区。所以在建构结束时经常可以听到幼儿说"我不想拆"的话，时间一长，幼儿很容易忘记自己曾经搭建过什么，用什么材料进行的搭建，创意的想法无法得到保留，对培养幼儿创造力的发展产生阻碍。因此以照片的形式进行记录，幼儿建构作品得以保留，他们建构的热情和积极性也会得以持续。看到照片，孩子们会骄傲地向教师及其他幼儿解释他们的建构作品、相互间的分工、各自的创新想法、使用的建构材料，这不仅对幼儿间的相互学习有着促进的作用，还能不断激发幼儿的想象力和创造力。同样，照片记录的方式对后期评价幼儿建构作品的创造力维度方面也起到了关键的作用。

4. 分析儿童创造性思维框架表

　　如何判断幼儿在建构游戏活动中是否有创造力行为，可以采用 ACCT 表格进行分析和记录。Fumoto 与 Froebel Research Fellowship（FRF）项目的实践者合作开发了以观察为主导的分析儿童创造性思维框架（ACCT）作为观察工具，用以识别和分析幼儿的创造性思维。它试图证明可以通过观察幼儿日常行为的各个方面来推断幼儿的创造力水平。制定 ACCT 框架的目的是试图抓住可能有助于创造性思维的行动、过程以及行为倾向的丰富性和多样性。该框架由三个类别组成，即探索（Exploration）、参与和享受（Involvement & Enjoyment）、持久性（Persistence）。

　　探索类别包含了三个子维度：E1，探索（Exploring）；E2，参与到一项新的活动（Engaging in new activity）；E3，知道自己想做什么（Knowing what you want to do）。

　　参与和享受类别包含了四个子维度：I1，想出办法（Trying out ideas）；I2，分析想法（Analysing ideas）；I3，猜测（Speculating）；I4，参与他人

（Involving other）。

持久性类别包含了三个子维度：P1，坚持（Persisting）；P2，冒险性（Risk taking）；P3，完成挑战（Completing）。

表6.1　分析儿童创造性思维框架表（ACCT）

维度	类别	操作定义
探索	探索	幼儿喜欢探索，或是表现出对一种材料和活动感兴趣
	参与到一项新的活动	幼儿对参与一项活动并将想法付诸实践很感兴趣；活动可由他/她自己选择或由其他儿童或成人建议
	知道自己想做什么	幼儿在选择参加某项活动时表现出快乐或好奇心
参与和享受	想出办法	幼儿表现出新颖的观察和计划方式的证据：使用先前的知识或获得新的知识来想象或假设，或在他/她的思维中表现出灵活性和独创性
	分析想法	幼儿表现出语言或行为上的证据来衡量他/她的想法，并决定是否要追求它
	猜测	幼儿就有关活动向自己或其他幼儿或成人作出推测性陈述或提出问题
	参与他人	幼儿与一个或多个幼儿或成人接触，以形成一个想法或活动；可能阐明一个想法，试图说服他人，或对他人的想法表现出接受能力
持久性	坚持	幼儿表现出适应力，并在面对困难、挑战或不确定性时保持对活动的参与；他/她容忍出现问题
	冒险性	幼儿愿意冒险，愿意从错误中学习
	完成挑战	幼儿表现出自我效能感、自信和成就感；表现出对自己想法的自觉意识

注：资料来自 Sue Robson & Victoria Rowe（2012）

分析儿童创造性思维框架（ACCT）侧重于观察并捕捉有助于幼儿创造力的行动、过程和行为倾向。其框架的三个主要维度及子维度是判断幼儿一系列潜在创造性思维的指标。

（1）观察的主要方式

选择适合的观察方法，才能真正理解幼儿的游戏，看懂幼儿的游戏行为，判断其创造力水平。在建构游戏环节，一般采用两种观察方式。一种是追踪观察法，主要是教师根据观察目的和需求，确定1~2名幼儿作为重点观察对象，在整个建构游戏时间范围内持续对幼儿进行观察，包括其选材、搭建、合作、交谈、尝试等各种行为表现，观察固定的人和不固定地点的方式。它适用于观察个别幼儿，不适合多人数、大范围的观察。另一种是视频记录，在幼儿的建构游戏过程中全程采用手机或DV进行视频录像，游戏结束后通过回看视频的方式对幼儿采取追踪观察。它适用于人数较多的情况下进行观察。

（2）ACCT 中三个维度的记录与分析

主要采取"频率计数＋描述"的形式进行记录。

1）探索

幼儿对各种建构材料进行探索的行为为他们的创造性思维提供了非常重要的基础。

片段 1：建构游戏开始啦，军军跑向建构材料区，拿了一个塑料瓶和两个易拉罐（E1）。军军先将两个易拉罐分别摆放于塑料瓶的两边，并用胶带进行固定（E2）。随后他用手指着作品对佳欣说："你看，我做的战斗机。"（E3）

片段 2：军军与佳欣共同构建了堡垒的"围墙"，当教师扮演伤员询问军军怎么救治时，军军在堡垒的角落处搭建了一张"病床"（E2），旁边还摆放了几个"医疗用品"。

E1：探索

当幼儿参与到他们感兴趣的建构主题中，孩子们的建构热情很容易被点燃，能够快速地选择建构材料进行搭建。频率计数要求在整个建构游戏活动当中，幼儿选择建构材料进行搭建，产生出一次探索行为；盲目选择材料未进行建构的，则不计数。

E2：参与到一项新的活动

孩子们能够有目的地选择建构材料，并将这一想法付诸实践，如故事情境化建构主题中，军军根据故事内容想到了用战斗机去击败敌人，达到解救小月兔的目的。军军参与到此次的建构活动当中，搭建了符合主题要求的建筑物，因此，产生了一次行为。

在同一主题下，当幼儿搭建完自己的建筑物后，又参与到另一个新的搭建活动中去（自己或他人都可以），如片段 2，则又产生了一次 E2 的行为。综合统计军军产生了两次 E2 行为；盲目选材及无目的地搭建，则不计数。

E3：知道自己想做什么

幼儿清楚知道建构主题，并能根据主题选择合适的材料完成搭建，呈现出的建筑物符合建构主题的要求，如军军用易拉罐和塑料瓶拼搭出一架战斗机，塑料瓶是机身，易拉罐是飞机炮弹。频率上军军产生了一次 E3 行为；盲目选材及无目的地搭建，则不计数。

频率统计

将建构区需要观察的幼儿的创造性探索行为进行叠加累计，如：观察对象为 3 名幼儿，则先逐一对 3 名幼儿采用追踪观察法进行观察，发现 3 名幼儿都出现了 E1 行为，则在此活动中，3 名幼儿的 E1 行为观察频率为 3，依此类推。

表 6.2　儿童进行探索的创造性思维行为观察案例

	创造性思维行为	观察频率	观察到的幼儿行为
探索	E1：探索	6	幼儿对泡沫块、空瓶、易拉罐、纸盒、瓶盖、纸筒芯进行游戏探索，并对材料表现出建构兴趣。
	E2：参与新活动	1	军军在搭建完"围墙"之后，根据老师的游戏引导，搭建了一张"病床"。
	E3：知道自己想做什么	3	①明明拿着两个空瓶子说："这两个拼在一起可以变成一把刀，一把可以赶走坏人的刀。" ②佳欣拿着两个泡沫板说："这是坦克的车身。" ③小雅跟同伴说："我们的飞船外面还要有个'战斗机'，要用来保护我们和小月兔。"

从观察结果来看，大部分幼儿都能积极地参与到故事情境及建构主题中，充分探索新投放的低结构材料，并对使用新材料的建构保有一定的兴趣。但是在游戏过程中，有少数幼儿对建构任务理解不清晰，处于迷茫的状况，在建构前期不知道应该做什么及怎么做。

2）参与和享受

这是体现出幼儿创造性行为最明显的维度，在建构活动中幼儿也表现出更多的变通性和独创性。

片段1：明明、小希和浩浩选择搭建一艘宇宙飞船（I4）。明明从建构材料区拿来了小纸箱，以一个挨着一个排列的形式围成一个圈。小希则用纸杯一个个地倒扣排列在小纸箱的上方，接着又在纸杯顶部架上泡沫积木，进行垒高。明明完成围圈后看着身边剩余的材料说："我要一个摆信号的东西（材料），没有信号怎么和我队员联系？"浩浩看了看四周，用手指着一个奶粉罐说道："那个可以。"（I1）于是，明明准备去材料区拿奶粉罐，走到垒高的船舱前说："我们的飞船没有门吗？没有门我怎么出去？"（I3）小希和浩浩听到后，走过来商量怎么搭建一个飞船的大门。

片段 2：对战游戏中，大宝对小武说："呐，你拿着这个（纸杯），战斗的时候我要去弹药库补充子弹，你找我的话就用这个对讲机（纸杯）呼叫我，我就能听见了。"说完将纸杯口贴在嘴巴上，喂喂了几声（I2）。小武将纸杯口放在耳朵上，点点头说道："收到！我听见啦！"

I1：想出办法

幼儿在建构的过程中通过思考与交流，并利用先前的游戏经验来解决问题，获得新的解决问题的能力，如浩浩从奶粉罐的外形特征上想到可以当作信号弹，帮助明明解决找不到替代材料的困境。观察频率上只要幼儿想出解决的办法，则产生一次 I1 行为（同一个幼儿可以产生多次 I1 行为）；没有遇到需要解决的问题，则不计数。

I2：分析想法

幼儿可能表现出一些行为来证明或评估一个想法，看看它是否有效或有意义。当孩子们想到一些方法或策略时，教师可以听到他们是打算如何操作的，如小武和大宝的对讲机。频率上只要幼儿用语言或行为证明了他们的想法，则产生一次 I2 行为（同一个幼儿可以产生多次 I2 行为）；没有证明自己的想法，则不计数。

I3：猜测

在"参与和享受"维度中，猜测是最少被观察到的。如果幼儿是独自进行建构，教师就很难听到或者观察到他的观点或提出的问题。所以"猜测"（I3）通常会在"参与他人"（I4）中被发现。观察频率上幼儿用语言表达出他们对建筑物的疑问，则产生一次 I3 行为（同一个幼儿可以产生多次 I3 行为）；没有表达，则不计数。

I4：参与他人

与"猜测"相反，这个类别是最容易观察到的。孩子们根据游戏内容及建构目的来选择如何进行分工合作，或者当幼儿建构完成后帮助其他幼儿完成搭建。观察频率上幼儿与幼儿之间进行合作建构，则产生一次 I4 行为（同一主题下幼儿可以产生多次 I4 行为）；没有合作行为，则不计数。

频率统计

将建构区需要观察的幼儿的"参与和享受"创造性行为进行叠加累计，如观察对象为 3 名幼儿，则先逐一对 3 名幼儿采用追踪观察法进行观察，发现 3 名幼儿都出现了 I1 行为，则在此活动中，3 名幼儿的 I1 行为观察频率为 3，依此类推。

表6.3　儿童进行参与和享受的创造性思维行为观察案例

	创造性 思维行为	观察 频率	观察到的幼儿行为
参与和 享受	I1：想出办法	2	①明明说少了一个摆信号的东西。浩浩看了看四周，拿来了一个奶粉罐。明明说奶粉罐可以当作召唤队友的信号枪。 ②小华将奶粉罐对"飞船"进行围合搭建，还差 1/3 的时候没有奶粉罐了。他到材料区翻了翻，拿了一叠鸡蛋托盘，摆放在了空白位置，将"飞船"合围起来。
	I2：分析想法	2	①小玉拿了两个纸筒芯对小雅说："这才是望远镜"接着她又跟老师说："明明这样才是望远镜（拿了两根纸筒芯并排放在一起），他们还说一根（纸筒芯）才是望远镜。" ②大宝拿了几个一次性纸杯，看到自己的组员后将一个纸杯递给小武，说："拿着，这个是你的对讲机。"说完将纸杯口贴在嘴巴上，喂喂了几声。
	I3：猜测	3	①小华拿着一个瓶盖说："咦！这个怎么作为炮筒呢？" ②明明用纸箱围成一个圈，说："要有门，没有门我们怎么进来？" ③轩轩说："我们在飞船里建构一个花园吧？"
	I4：参与他人	3	小杰、毛毛和燕燕共同搭建围墙，毛毛将底部的箱子摆整齐，小杰和燕燕合作将纸箱进行架空摆放。小杰说这个是防御塔。

从评估结果来看，尽管幼儿可以充分探索这些低结构材料，但只有少数幼儿会去尝试和评估想法，用以验证在整个活动中是否有效。在这里就需要幼儿有更多的合作，让他们产生思想的交流和互动，大胆地进行推测和创造性的假设，鼓励幼儿的创新性和变通性。

3）持久性

持久性的重点是幼儿的坚持和适应能力，他们在面对挑战时能保持积极地参与，以及承担风险和从错误中学习的能力。这些能力会影响幼儿在完成挑战时的自我效能感和愉悦感，并支持幼儿更深层次的学习和参与更复杂的游戏。

片段 1：第一组的孩子们发现把"围墙"搭建错了方向，本来应该是正面面对第二小组，结果变成将侧面面对了。军军皱起眉头，半天没有任何动作，小声嘟囔着："我不想重搭呀。"作为队长的小睿看到后，安慰道："没关系，我们一起来搭，这样很快的！"（P1）于是，小组的几个人将搭建的围墙拆掉，重新进行建构，完成后第一小组的孩子们兴奋地喊道："我们成功啦！"（P3）

　　片段 2：两组垒高的奶粉罐并列排靠在一块，乐乐将一根长纸筒芯横放在奶粉罐上，他一只手扶住上面的纸筒芯，一只手慢慢地将两组奶粉罐分开，直到长纸筒芯的两端各有一组奶粉罐。（P2）

　　P1：坚持

　　坚持不仅仅是幼儿在建构游戏活动中能坚持多久的问题，而是孩子们在面对建构中的困难和挑战时的坚持性和自我效能感，这个和活动时间的长短无关。如小睿在游戏活动中遇到需要重新搭建的难题，面对这个困难他并没有退缩，而是鼓励组员们一块来完成建构目标。观察频率上幼儿面对困难能坚持完成建构目标，则产生一次 P1 行为（同一个幼儿可以产生多次 P1 行为）；如未遇到困难或未坚持搭建，则不计数。

　　P2：冒险性

　　在游戏中"冒险性"行为的出现频率普遍偏低，但冒险性是儿童能够产生新异思维的关键性特征。这与我们经常所说的试误能力是一样的，幼儿要具备敢于挑战和面对错误的勇气，当孩子们每一次突破自己的"舒适区"去迎接新挑战时，大脑中的神经元会形成新的、强有力的联结，长久下去，他们会变得越来越具有创造性思维和能力。在观察频率上幼儿愿意尝试新的建构或挑战，并愿意从错误中学习，则产生一次 P2 行为（同一个幼儿可以产生多次 P2 行为）；如采用基础的建构方法进行搭建，则不计数。

　　P3：完成挑战

　　幼儿能够按照建构主题完成建筑物的搭建并且实现建构目标，表现出愉悦的情绪和自信心。如小睿和组员完成搭建后兴奋地拍手、喊叫，小睿还与教师商量："老师，快给我们拍张照吧！"观察频率为幼儿完成建构任务，则产生一次 P3 行为；如因困难而放弃建构，导致未达成建构目标，则不计数。

　　频率统计

　　将建构区需要观察的幼儿的"持久性"创造性行为进行叠加累计，如观察对象为 3 名幼儿，则先逐一对 3 名幼儿采用追踪观察法进行观察，发现 3 名幼儿都出现了 P1 行为，则在此活动中，3 名幼儿的 P1 行为观察频率为 3，依此类推。

表 6.4　儿童进行持久性的创造性思维行为观察案例

	创造性思维行为	观察频率	观察到的幼儿行为
持久性	P1：坚持	4	①幼儿发现将"围墙"搭建错了方向，他们看了看对面组搭建的"围墙"，又看了看自己搭建的，浩浩、小雅、小睿三个人共同将原先搭建好的"围墙"拆掉，重新在靠近边界的地方搭建。 ②在游戏开始的时候思思搭建了一个小火箭，后来因为建构得太高而倒了。接下来，思思与其他小朋友一起搭建飞船船身，搭建完了之后拿着材料又建构小飞船去了。
	P2：冒险性	2	①两组垒高的奶粉罐并排靠在一起，并在上面架了一根长的纸筒芯，乐乐一只手扶住上面的纸筒芯，一手慢慢地将两组奶粉罐分开，直到长纸筒芯的两端各有一组奶粉罐。 ②小川在一个带有凹面的纸箱的四个角各摆一根圆柱形积木（其中一根积木因为受力点不均匀，已经微微倾斜），然后在圆柱形积木上再放一个纸箱，纸箱上摆放着两个交叉重叠的泡沫块，他试图调整底部倾斜的积木。
	P3：完成挑战	3	①浩浩说："老师，我还加了个'机关'和'炮弹'。" ②雨珊搭建完"防御塔"之后，露出笑容并拍手鼓掌。 ③小睿说："老师，快给我们一起拍个照！"

幼儿在建构过程中的坚持性和冒险性出现的频率较低，有些幼儿的建构作品不小心被其他幼儿碰倒或者建构失败，只有少数幼儿能够从错误或困难中坚持完成，大部分的幼儿都会直接放弃，参与到其他幼儿的建构当中去。但总体而言，大部分的孩子都能完成建构任务。

（六）评价

儿童发展评价是幼儿教育中一个复杂而又涉及面广的问题。评价的首要目标是让教育者从专业的角度判断课程或游戏是否能够促进所有儿童的发展并使他们的生活受益。因此，评价不是简单的总结性评价，不能单纯地将创造力限定在建构作品上，而是要看到建构游戏过程中，幼儿之间的沟通交流、对于问题的解决方式、新的建构技能等，这些都是创造性思维发展中必不可少的部分。

1.幼儿分享建构成果

评价的核心目的是促进儿童的发展与学习，也就是说，评价需要使儿童受益。那么在评价中比较理想的方式就是让幼儿自己来分享自己的建构作品，搭建一个为幼儿提供展示自己建构作品的平台。如果建构区空间较大，可以帮助幼儿将作品保留在区域内一段时间，并且请幼儿来介绍自己的作品。如果建构区空间有限，可以出示在搭建过程中所拍摄的照片和视频来进行分享。教师可以对幼儿创新游戏中故事情节进行评价。

在点评环节，教师认为毛毛的建构作品体现出了创造力的独创性，便邀请毛毛来和大家一起分享。毛毛介绍说他是小组中的设计师，看见小芸（建筑师）搭建了一栋住宅楼，于是想到设计一个荷花池塘。在搭建的过程中，他想到了用泡沫块与半圆形积木拼搭成荷花，用大纸箱将池塘的三面围起来，另外一边用积木搭建一面防御墙，墙上放有机关枪和监视器。如果有坏人靠近，监视器中的图像就会传送到楼层的保安处，保安人员会启动机关枪，将坏人赶跑。他还和欣彤一起搭建了马路，马路将小区、公园和游乐场全部连接起来。

教师首先要对毛毛建构的创意及想法给予表扬和鼓励，随后指出幼儿值得表扬的优点是什么："毛毛的想法特别不一样！他搭建的住宅楼有个和其他人不一样的地方，大家知道是哪里吗？""毛毛想到了荷花池塘！而且在楼上还有机关枪和监视器。所以我要表扬他，是因为他想到了和其他人不一样的建构情境和搭建方法。大家在建构的时候，也可以搭建出一些新颖的和其他人不一样的建构情境，建构内容越有创意越好，建构场景越丰富越好！"

幼儿将天马行空的想象力体现在自己的建构作品上，这些独特的思维视角组成了一个个新奇有趣的故事，并利用这些材料将故事展现出来。通过分享，教师可以及时地对幼儿的行为加以支持和引导，能够更有效地促进他们向更高水平发展。

教师还可以对幼儿在游戏中材料的选择进行评价，如幼儿使用材料的种类、使用材料的数量、建构材料的替代行为频次等；对游戏中幼儿出现创造力行为进行评价，如与其他人不一样的玩法、尝试做一些与众不同的东西、试误过后的解决方式等。

这次的建构情境是汪汪队的成员们带着救出的小月兔登上了宇宙飞船，并搭建飞船内部的各种设施设备。投放的一次性纸杯在这里变成了飞船窗户边的"饮料杯"，小雅说："这里是休息区，我可以坐在这里边看星球边喝饮料，这个是可乐，这个是果汁。"纸杯还变成了飞船外部的"装饰品"和"加油器"，聪聪说："这个（纸杯）是我们飞船边上的装饰，它还有个作用，就是可以用来加油，当我们的飞船快没有油的时候，就把油加在这里。"有的幼儿把它当作了"电话听筒"，佳佳拿着一个纸杯放在嘴巴上"喂喂"了两声，把手中的另一个纸杯递给小雅，说道："这个是我们的通讯器，我们用这个来联系。你能听到我说话吗？"还有的孩子将纸杯层层叠高，垒成金字塔形，说是飞船的保护罩。

教师评价："大家说一说，他们建构的作品厉不厉害呀？""他们建构的作品最特别的地方在哪里呢？""如果是你，你有更好的创意想法吗？你会怎么搭建呢？""我要表扬他们，因为他们想到了搭建飞船的休息室，纸杯不仅可以装饮料，还被当作了飞船外部的装饰品及加油器，还变成了电话听筒等等。我们的材料玩出的花样越多越好，想象成的物品种类越多越好。"

教师在点评时，要不断引导幼儿发展他们的想象力和创造力，这样在分享过程中不仅幼儿会感到无比自豪，周围的小伙伴也会受益匪浅。

2. 反思性对话

分享环节中教师可以采用反思性对话方式与幼儿进行互动。教师通过视频记录儿童游戏过程，重点关注儿童在游戏活动中正在做什么和思考什么。在对儿童的研究中，反思性对话为真正倾听幼儿的观点提供了依据，并且可以成为识别幼儿的能力、知识、兴趣和思维等方法的有效工具。

教师根据幼儿的建构作品从创造力维度出发，通过展示拍摄的视频及照片，与幼儿进行反思性对话，如鼓励小队长及组员说一说自己建构了什么，有没有其他好主意，遇到的困难是怎么解决的，有没有更新颖、更有创意的点子等等。教师不仅要帮助幼儿梳理自己的建构经验，还应将这些经验传递给其他人使同伴之间相互学习。

反思是一个记忆和思考本人行为的过程。当成人让孩子进行反思时，孩子们会更清楚地意识到自己的想法和学到的东西。通过画画、写作、唱歌、表演、分享或谈论自己的经历，孩子们可以了解他们对这个过程或话题的感受。他们会发现自己对什么感兴趣，并在建立或扩展自己的经验方面发挥更积极的作用。反思还有助于孩子将他们所学到的东西与其他情况联系起来，从而促使他们做出更明智的决定和评估。因此，反思性对话有助于教师探析幼儿建构过程中的创造性思维及创意想法，这对于制定提升幼儿创造力发展的计划是至关重要的，而仅仅依靠观察是不能做到的。

支持反思的还有一个策略就是小组讨论，一般是在孩子们完成他们的建构之后，小组讨论可以让幼儿有时间和机会与其他人交流、评价、谈论、分享自己的作品及想法，让幼儿大胆地表达自己想法的同时也展现了创造力。所以，应让他们大胆想、勇敢说、放手做，而教师则要将这些想法进行记录。

3. 作品展示册

作品展示册是将幼儿建构作品的照片贴在展示册上，从创造力的维度出发进行评价，分为流畅性——"我最不一样"；变通性——"我想法最多"；独创性——"我最特别"；精致性——"我最漂亮"；合作性——"我最合作"。教师根据幼儿的作品贴上相应维度的"小花"，不仅幼儿可以看到自己的建构作品，还可以看到其他幼儿的作品，观察不同点和创新点，让幼儿清楚应该从哪几个方面进行改进。

《作品展示册》中不仅可以展示幼儿的建构作品，还可以将一些建构技巧、材料的妙用等张贴上去。针对幼儿使用材料的局限性，教师可以通过查找网上建构游戏视频及图片，发现各类建构材料的妙用，如矿泉水瓶搭成的高楼、纸杯搭建的花园、积木薯片桶建构而成的两层小楼等。教师可以将这些照片贴在《作品展示册》的"还可以这样搭"部分，还可以将小组共同绘制的"我的设计图"也收入其中，多方面展示建构技能和建构方法，促进幼儿创造潜能的充分开发。

四、实践案例

案例1："枪林弹雨——搭建堡垒"游戏活动

（一）游戏开展理念

让每位幼儿都能参与到建构游戏中来，尊重幼儿之间的差异性、自主性，鼓励幼儿积极表达自己的想法和观点，促进幼儿的创造力发展。

幼儿对枪战游戏充满兴趣，因此设计与枪战相关的建构游戏主题，由幼儿扮演汪汪队成员，利用新增加的建构材料建构对战武器，帮助嫦娥打败坏市长，拯救月兔。

（二）材料准备

PPT课件、积木、纸箱、奶粉罐、矿泉水瓶、泡沫块、纸筒芯

（三）内容与过程

1.故事情境——情境导入

教师引导幼儿回想之前建构游戏的故事内容，由此引发新的故事情境，激发幼儿建构动机。

上一次汪汪队的成员们已经搭建好了各式各样的"武器"，那么今天莱德队长和汪汪队成员们带着准备好的"武器"来到了韩丁那市长的基地，但是韩丁那市长的基地门口不仅有带着枪的安保，还有城墙和堡垒。莱德队长和成员们一起讨论："这样冒险冲上去肯定会受伤的，我们也要准备防御的建筑物。"

请汪汪队的成员们想一想，我们的战场上要建构哪些遮挡物呢？

2.巧问善思——对话生成，发挥想象

（1）增加故事代入感，激发幼儿游戏兴趣

教师作为参与者，根据故事情节的发展带领幼儿在建构区周围走一走、看一看，吸引幼儿进入故事，引发共鸣，增强幼儿在故事情境中的代入感。

教师（莱德队长）："汪汪队成员们，我们已经准备好了武器。那么我们现在就出发去营救月兔吧！"

教师（莱德队长）带领幼儿象征性地围着建构区走一圈："我们已经来到了韩丁那市长的基地。"

（2）多媒体材料辅助，帮助幼儿理解故事情节

教师通过 PPT 课件或视频等多媒体材料，引领幼儿一边观察，一边想象。随着故事情节的深入，幼儿也逐步理解故事内容，呈现出创造力的变通性。

1）教师播放 PPT 图片："呀，那是市长的堡垒基地！可是我们的基地上什么遮挡物也没有，这样对战的话我们会容易受伤的。让我们想一想，我们的战地上缺少了什么呀？地面上有什么遮挡的吗？天空中有什么吗？"（引导者）

2）教师（莱德队长）："我们的武器要放在哪里呀？我们建构什么可以挡住敌人的进攻呢？"（引导者）

（3）基于故事情境，新增建构材料

根据故事情节的延伸，教师新增矿泉水瓶，鼓励幼儿探索与操作。

在介绍新增加的建构材料时，教师提问："你们觉得这个像什么呀？我们可以用来建构什么呢？怎么搭建呢？"

（4）鼓励幼儿大胆想象，产生新奇想法

教师提供开放式环境，根据幼儿对故事内容的理解及时投放适宜的材料，鼓励幼儿大胆想象，提出自己新奇独特的想法，凸显出创造力的独特性。

1）教师（莱德队长）："汪汪队成员们，你们觉得还可以搭建什么建筑物呢？"

2）教师（莱德队长）："你们打算选择什么材料来进行建构呢？还有其他不同的想法吗？"

3. 创建——创意建构

根据故事情境创意建构，教师进行观察与记录。依据游戏主题，通过故事情节的发展，结合已有的认知水平，幼儿自由选择建构材料进行搭建。在建构过程中，教师通过观察幼儿行为及视频记录的方式，挖掘幼儿潜在的创造力。

（1）全面观察：幼儿是否都参与到建构游戏中，是否都选择了相应材料进行建构，幼儿的分工合作情况怎样等。

（2）重点观察：幼儿交流的想法、有创新的建筑物、面对困难时的行为、解决问题的方法、幼儿建构作品的情境数量等。

（3）教师将建构的过程用 DV 拍摄下来。

（4）教师鼓励幼儿对搭建完成的建构作品取一个有趣的名字并拍照。

4. 趣玩——引导游戏

建构作品完成搭建后，根据故事场景，教师引导幼儿如何"玩"建构作品，在玩的过程中培养幼儿的发散性思维，续编故事内容，延伸游戏场景，不断丰富建构作品的精致性。如建构之后幼儿进行双边"对战"游戏，击中对方最多的组获得胜利，并成功营救出月兔。

5. 乐享——叙事分享

教师对视频进行观察、分析并结合 ACCT 表，以游戏过程中捕捉到的创造性行为为基础，让幼儿进行交流与分享，促进幼儿创造力发展。

（1）教师运用 ACCT 表对幼儿行为进行分析、总结。

（2）教师展示建构游戏中幼儿有创意行为的视频片段及照片。

（3）教师用 ACCT 进行分析，结合创造力的流畅性、变通性、独创性、精致性，对幼儿的作品进行评价、总结并表扬。

（案例来源：罗茜 / 江西应用科技学院）

案例 2："抗击疫情——疫情防控"游戏活动

（一）游戏开展理念

孩子们已经掌握多故事情境建构的能力，也懂得与同伴分工合作并选择合适的建构材料进行搭建，知道建构的作品要突出创意性。因此，教师应引导幼儿自己创建新的故事情节及建构主题，自主延伸故事内容，创新建构游戏作品，不断促进幼儿创造性思维的发展。

（二）材料准备

PPT 课件、积木、纸箱、奶粉罐、易拉罐、纸杯、纸盘、泡沫块、积塑片、薯片桶、塑料瓶、鸡蛋托盘

（三）内容与过程

1. 现实情境——情境导入

教师分享抗疫故事，让幼儿化身为"抗疫卫士"，引发新的故事情境，促进幼儿发展想象力，激发幼儿同理心。

教师可以设计两个为了抗击疫情而奋斗在一线的感人故事。如一位是医院的护士，在合家团聚的除夕夜里，毅然决然地坚守在自己的岗位上，"舍小家，顾大家"地奉献着；另一位是快递小哥，在疫情蔓延的时候，为

了能让在一线工作的人们吃上新鲜蔬菜，义务承担起搬运工的角色，逆行为大家运输粮食。

2. 巧问善思——对话生成，发挥想象

教师通过 PPT 课件或视频等多媒体材料并结合幼儿生活经验，引导幼儿说一说身边的防疫小故事、小情境。这样可以让幼儿联想起身边看到的、听到的防疫事件，化身为守护家园的"小卫士"，用自己的力量保护城市的人，创建新颖的故事场景。

教师问："小朋友们，今年马上就要过去了。你们今年过年都是在哪里过的呀？有没有出去玩呀？为什么没有出去玩呢？"

教师引导幼儿创建多个故事场景："快递员小哥哥遇到了困难，他说菜农那里没有菜了，外面的蔬菜水果又进不来，我们该怎么办呢？""快递小哥哥辛苦了一天，晚上回家的时候保安不让他进小区的门，担心他身上有病毒怎么办呢？""糟糕！小区发现了阳性病人，我们要将病人送到哪里去呀？"

教师说："我们的城市有这么多人需要帮助，我们一起去帮助他们好吗？现在大家都是抗疫小卫士！我们要一起出发去帮助需要帮助的人！"

3. 创建——创意建构

（1）开放更多建构场地，引发幼儿创想空间

在不影响正常通行的情况下，教师可以将门口的长走廊纳入建构区，建构空间不断扩大，满足幼儿建构作品的多样化、复杂化，凸显创造力的独特性。

教师问："我们又扩大了建构区，你们想在哪里建构呢？我们可以怎样利用走廊空间呢？"

教师问："你们如何分组呢？打算建构什么呢？选择什么材料来进行建构呢？还有其他不同的想法吗？你有与其他人不一样的创新想法吗？"

（2）新增故事场景规划图，教师多重身份参与游戏

教师引导幼儿规划设计图，以"质量检测员""合作伙伴"等多重角色身份参与建构游戏，不断提出新问题、新挑战，提高幼儿的元认知水平和自我监控能力，促进创造力的发展。

1）教师说："有相同搭建兴趣的小卫士们组成一队，队内的'设计师'在纸上选择位置，画出需要搭建的建筑物。下一组'设计师'再用同样的

方式选择绘画位置，画出设计图。完成后，'设计师'们带领组内其他成员找到相应空间位置，与小建筑师们进行搭建。"

2）幼儿选择不同场景进行建构，有相同搭建兴趣的伙伴为一组，幼儿之间相互交流、分工、选择材料进行建构。

3）教师说："滴滴，我是防疫志愿者，我在外面跑了一上午太渴了，这个机器人可以帮我做杯饮料吗？""我现在回家要进小区啦，我要怎样才能进去呢？""让一让！有病人！我们要从哪里进医院呢？"

4）全面观察：幼儿是否根据规划图进行建构，幼儿是否都参与到建构游戏中，是否都有选择相应材料进行建构，幼儿的分工、合作情况如何等。

5）重点观察：幼儿建构作品的故事情境数量、建构作品中最不寻常的想法、作品中是否有丰富的细节、幼儿之间的分工与合作情况等。

6）教师将幼儿建构的过程通过 DV 拍摄下来。

7）教师鼓励幼儿对搭建完成的建构作品取一个有趣的名字并拍照。

4. 趣玩——引导游戏

孩子们在搭建完建构作品后，立刻融入自己的游戏角色中，作品与作品串联成一个完整的故事，游戏内容充满创意。

有的幼儿建构了"火神山医院"，于是就有了医生和病人的角色；有的幼儿建构了"疫情小区"，于是有了小区门口的防疫人员和进出小区的住户；有的幼儿建构了"农田"，于是有了种蔬菜水果的农民和采摘的志愿者；有的幼儿建构了"一体化机器人"，于是机器人又可以帮助农民采摘水果，又可以鲜榨果汁，还可以帮忙输送物资；有的幼儿建构了"工厂"，于是就有了生产口罩和防护服的工人……大家各司其职，忙得不亦乐乎。

5. 乐享——叙事分享

教师在幼儿介绍完自己建构的作品后，鼓励幼儿对其他作品进行点评，并引导幼儿自己创设下一次活动的建构主题。

（1）教师运用 ACCT 表对幼儿行为进行分析、总结。

（2）教师展示拍摄的视频及照片，并与幼儿进行反思性对话。

（3）幼儿不仅要针对自己建构的作品进行评价，还需要对其他幼儿建构的作品说一说自己的观点，提出自己不一样的想法，如"如果是你的话，你会怎么做呢""你能想到更有创意的点子吗"等等。

（4）教师引导孩子们思考"种的水果和蔬菜我们吃不完怎么办呢""这里的病人已经被医生和护士治好了，接下来我们该做些什么呢"等。在师幼的互动中，孩子们自己创建了新的故事情境"八方支援"，想到了搭建各种交通工具支援疫情最严重的武汉。

（5）教师在《作品展示册》中依次从流畅性、变通性、独创性、精致性以及合作性上给予幼儿作品相应的"小花"，同时给予得到小花的幼儿小贴纸。

（案例来源：罗茜 / 江西应用科技学院）

第七章
民间游戏对学前儿童创造性思维的培养

一、民间游戏的起源及特点

（一）民间游戏的起源

任何一种游戏的形成都有其独特的产生来源，民间游戏作为流传于民间的一种游戏形式，和当时人民的生活有所关联。对民间游戏的起源有多种探讨，其中最主要的有生产生活、社会习俗和军事活动。

1. 生产生活

普列汉诺夫曾说过："游戏是劳动的产儿，劳动在时间上必然是先于游戏的。"[①] 文化人类学家冯特也同样指出："任何一种游戏都有一种严肃的劳动作为原型。人为了生存必须劳动。在劳动中逐渐学会评价自己力量的活动，把它看作是享乐的源泉。游戏消除了劳动的物质目的，而伴随着劳动的愉快本身变成目的。"[②] 二者都是从"劳动起源说"的角度对游戏的起源进行了阐述，认为游戏产生于生产力发展下的劳动力剩余，所以人们有更多的时间和精力，可以进行一定的娱乐活动。

---

① 刘焱.儿童游戏通论 [M].北京：北京师范大学出版社,2004:349–350.
② 北京师范大学中文系文艺理论教研室.文学理论学习参考资料：上册 [M].沈阳：春风文艺出版社,1981:119.

2. 社会习俗

扎拉勒斯认为，艰苦的体力和脑力劳动使人身心俱疲，这种疲劳需要一定的休息和睡眠才能消除，然而只有当人解除紧张状态时，才可能得到充分的休息。游戏和娱乐活动具有解除肌体紧张的作用。这种精神"松弛说"的游戏理论正好和民间游戏来源于社会习俗相契合，人们在各个节令开展民间游戏也是为了缓解日常生产劳作的紧张情绪和精神状态。[①]

每个时代都有属于自己时代特色的社会习俗，古代人们根据不同的节令特点开展了不同的民间娱乐活动。例如，元宵观灯、清明斗草、端午赛龙舟等。

3. 军事行为

格鲁斯认为游戏起源于"生活预备"，他认为儿童游戏随着时代的发展而变化。他将游戏分为两类：首先是练习性游戏，包括感知运动的练习和高级的心理能力的练习；其次是社会性游戏，包括追逐打闹和模仿性的游戏。[②] 这与民间游戏来源于军事活动的观点不谋而合，古代的角抵游戏在一定程度上是为了培养骁勇善战的士兵，也是为了未来的生活做准备。

南朝梁代的《荆楚岁时记》曾记载，当时的荆楚之地盛行拔河运动，并明确记载这项运动源于春秋时期的楚越水战，那时人们已经开始使用绳子来作为拔河工具了。到了隋朝，拔河逐渐成为老百姓祈求丰收年的游戏。到了唐朝，社会经济空前繁荣，拔河运动更加盛行，甚至从老百姓那里传入了皇族之中。到了唐朝，从许多国家来大唐做生意的商贾们，无不被声势浩大的拔河运动震惊。这项集结古代中国人智慧结晶的运动，也一直流传到今天，在学校运动会、公司团建等活动中，都能看到壮观的拔河比赛，听到激荡的呐喊声。

综上所述，中国民间游戏起源于某一时代具体的生活和文化中，这体现了民间游戏在生活中产生、在生活中发展的特点。但是中国民间游戏的起源不仅仅只有这几种形式，每一种民间游戏都是在当时的政治、经济、文化和生活等大背景的作用之下形成的，包含了方方面面的内容。那些仅

---

① 刘焱 . 儿童游戏通论 [M]. 北京 : 北京师范大学出版社 ,2004:349–350.
② 刘焱 . 儿童游戏通论 [M]. 北京 : 北京师范大学出版社 ,2004:349–350.

仅将民间游戏起源归结为某一种生活、习俗或者文化，是不够科学的。

（二）民间游戏的特点

民间游戏在历史文化长廊的浸染下，已经形成了自己独有的特点，主要有趣味性、随机性、简便性、传承性、地域性、综合性。

1.趣味性

作为游戏的一种，民间游戏也具备游戏趣味性的特点。这种趣味性不同于现代幼儿在虚拟世界里玩电子游戏时产生的快感，而是与小伙伴面对面产生的切身游戏体验。这种真实感能够调动幼儿所有的感官感受，如与同伴互动的愉悦、互相帮助赢得游戏的愉悦、一起挑战难关的愉悦。

2.随机性

民间游戏的开展具有随机性的特点，它不需要特别的场地，只要邀上几个好朋友，随时随地都可以开始。家门口、教室里、操场上都可以是孩子们开展游戏的场所。这种特点给了孩子们极大的自主权，让孩子们跟随自己的意愿进行游戏，以期获得最大的精神愉悦。

3.简便性

民间游戏的材料获取具有简便性的特点。过去，"玩具"不是现在人们普遍理解的可以购买的玩具，而是随手可以捡到的石头、树叶、树枝、羽毛等，这些才是孩子们所珍视的"玩具"。这些简便易得的玩具让孩子们的童年不再单调乏味。

4.传承性

民间游戏的传承性也是其一大特点，传承之意不仅仅在于"代际传承"这种形式，更多的是传承其背后蕴含的民族精神。这种精神是中华民族得以发展千年并独具民族特色的重要原因。每一代人都要为民族精神的传承贡献出自己的一份力量，幼儿园也应以开展适合幼儿发展的民间游戏为媒介，引导幼儿做民族精神的传承者。

5.地域性

民间游戏的地域性是从空间的角度来阐述的，民间游戏既然会带有某个时代的烙印，当然也免不了会与某个地区的风俗相结合。中国的疆土之辽阔、景色之秀丽，形成了多民族繁荣发展的景象，每个民族和地区都有自己独特的文化和习俗，由这种文化和习俗转变而来的就是充满地域特色的民间游戏。

6. 综合性

综合性也是民间游戏的一大特色，这种综合性体现在民间游戏综合了多种游戏的特点。比如"老鹰抓小鸡"的游戏中就包含了合作、角色、规则、运动等因素。这种综合多种游戏的特点，能够在一个游戏中促进幼儿多方面能力的提升，从而让幼儿身心和谐发展。

二、民间游戏之于学前儿童创造性思维培养的价值

任何一种事物能够延续千年之久都是因为其独特的价值，民间游戏作为人们喜闻乐见的一种游戏形式能够为幼儿提供多方面的价值。其中不可忽视的是民间游戏对幼儿创造性培养的价值。

（一）民间游戏自带创造特质

民间游戏的产生与发展就是人类创造力发展的最好证明，民间游戏的来源主要有生产活动、社会习俗、军事行动等方面。这说明，古时候人们已经懂得将自己生活中的各类活动转化为供人们娱乐的游戏活动，这种转化过程就是创造力体现的过程。而如今，人们的生存环境发生了巨大的改变，民间游戏逐渐消失在人们的视野中，但其作为中国传统文化的代表之一，可以通过"推陈出新"的方式唤醒生命力。

民间游戏的特点也为幼儿创造性思维的发展奠定了基石，其中效用最为明显的就是其简便性和随机性的特点，从这两个特点的名称便可以看出其蕴含的朴素之意。孩子们的创造力是一种冲动，这种冲动源于他们想要了解真实的世界和他们自己想要的世界。民间游戏的产生和发展均来自于真实世界，这种"接地气"的朴素特征正好满足了幼儿对真实世界探究的欲望和冲动，而这份发自内心的冲动就是创造性思维发展最好的助推剂。

（二）民间游戏有助于学前儿童创造力发展

根据对幼儿创造力特征和民间游戏特点的分析，笔者发现民间游戏和幼儿创造力之间存在密切关系。王小英从一般性的角度分析了幼儿创造力的特征，强调幼儿创造力存在好模仿、变化大、自发性强的特征，同时根据泰勒对创造力进行的五个层次划分，认为幼儿的创造力属于表达式创造

力。[①] 民间游戏往往是由三两好友组织开展的游戏形式，但由于它具有较强的传播性，所以某种民间游戏的兴起往往由一拨人开始，随即风靡于某个年龄段甚至整个学校，而后随着该游戏热潮的消退，又转换为另一种游戏。这种风靡一时又随即转场的特点和幼儿创造力好模仿、变化大、自发性强的特点不谋而合。民间游戏的特点为其造就了广大的受众群体，不同个体都有其独特的意志和思想，因此同一种游戏也时常存在常玩常新的现象。当这个受众群体限定为幼儿时，这种随意创新的特点便能有效激发幼儿创新游戏的欲望，极大地提升其创造性思维。

就目前学者对民间游戏价值的研究，可以发现民间游戏中的规则以及其中所蕴含的平等原则有助于促进幼儿的社会化成长。同时，民间游戏中蕴含的民族精神使幼儿在游戏中就能将其内化于心。由于民间游戏对幼儿社会化的发展具有重要作用，因此民间游戏也将有助于幼儿创造力的发展。

三、促进创造性思维培养的民间游戏开展

（一）如何选择民间游戏

由于民间传统游戏历史悠久，有较强的地域性、时代性，因此在运用到幼儿园之前必须深入分析原始素材，不能盲目照搬照用。在幼儿园利用民间游戏进行创造性思维的培养过程中，民间传统游戏既要与儿童发展特点和教育规律相适应，又要有利于促进儿童身心健康成长和创造性思维发展。

1. 根据幼儿游戏类型偏好选择民间游戏

兴趣是最好的老师，教师开展活动最重要的是从幼儿的兴趣出发，尤其是在日常生活中发现幼儿的兴趣点所在，再根据兴趣点去拓展一系列游戏。

民间游戏来源众多，同时也有不同的分类。通过查阅大量的民间游戏发现，大多数的民间游戏都需要身体运动、脑力运动和材料运用。民俗学家陈连山对民间游戏进行了分类，主要将其分为身体活动的游戏、巧用器具的游戏和智力游戏三大类。其中身体活动的游戏分为手、脚和腿、跑和追、隐藏与寻找、战斗、其他身体竞争性游戏、模仿与协调等七小类，巧用器

---

① 王小英. 幼儿创造力发展的特点及其教育教学对策 [J]. 东北师大学报，2005(02):149–154.

具的游戏分为手巧用器具游戏、脚和腿巧用器具游戏和综合巧用器具游戏三类，智力游戏分为棋类游戏、牌类游戏、猜测与判断游戏和语言游戏四种，由此构建了"三大类十四小类"的中国民间游戏类型体系。

在幼儿平时的民间游戏活动中，教师要善于观察幼儿更加偏爱哪种游戏类型，以此来作为重点游戏类型开展活动，吸引幼儿的兴趣，让幼儿能够更加投入游戏中。

在日常开展民间游戏活动时，教师在一旁观察着孩子们的活动。通过一段时间的观察，教师发现孩子们都有自己所喜爱的游戏，并在此过程中感受到了愉悦之情，于是便开展了有关"我最喜欢的民间游戏"话题讨论，孩子们都进行了分享。

小睿说："我喜欢坐在操场的草坪上和大家一起玩游戏。"

佟佟说："我喜欢和大家一起玩'老狼老狼几点钟'的游戏，我想当老狼，这样的话，我就可以抓到好多小羊，然后我就赢了。"

昊昊说："在家里的时候，我最喜欢和弟弟还有好朋友一起玩'爬楼梯抓人'的游戏。每次我当被抓的时候，我都特别紧张，好害怕他们一下子跑过来抓住我。"

琳琳说："我最喜欢和一诺一起玩'挑小棒'的游戏。我们还想出了很多不同的玩法，而且每次都是我挑的小棒最多。"

小毅说："我们幼儿园有三轮车，我最喜欢的游戏就是和我的好朋友楠楠进行自行车比赛游戏，每次我都能拿第一名！"

通过孩子们的回答可以发现，孩子们分享的游戏都是偏身体运动类和巧用器具类的游戏，同时从一些有关"第一名""我挑的小棒最多""我赢了"等关键字中能够发现孩子们是"喜欢成功的"。"成就感"是幼儿创造型人格特质中的重要因素，只有当幼儿经常体验到成功的喜悦时，才能激发其主动创造的欲望。所以在进行游戏类型选择时，教师可以多选择这几种类型，并且在难度的设置上要适合幼儿的现有水平，让幼儿体会成功的喜悦。

2. 选择包含多元角色的民间游戏

游戏角色为民间游戏的开展增添了趣味性，角色能够创造性地反映现实生活，赋予幼儿充分的想象力和创造力，能让幼儿自由地徜徉在想象的海洋中，随着角色人物改变自己的游戏方式。

（1）不同角色有冲突

在开展民间游戏的过程中，发生的问题越多，孩子们可探究的方向就越多。包含角色的民间游戏往往有着两个性质相反的游戏角色，这两个角色之间会产生一系列的冲突和矛盾。幼儿经过一段时间的游戏之后会努力让这两个角色达到一种平衡，这个努力平衡的过程就是幼儿发挥创造性思维的过程。

因此在进行民间游戏选择时，教师就要善于甄别哪些民间游戏中是包含两个具有冲突性的角色的，可以发生哪些冲突。

在选择民间游戏时，教师选择了包含不同角色的"老狼老狼几点钟"的游戏。孩子们在体验过这个游戏一段时间后就提不起兴趣了，于是教师从"制造角色冲突"的角度出发，根据"狼"和"羊"这两个本身就具有冲突性质的角色将小朋友们分为了"狼队"和"羊队"。他们就"羊如何躲避狼"和"狼如何能够抓住羊"进行了激烈的讨论。

①羊队讨论

阳阳说："小羊要跑得快才不会被老狼抓住。"

晨屹说："小羊走路要轻一点，不要那么大声，老狼来了就抓紧跑。"

小凯说："小羊可以爬到屋顶上，躲进柜子里。"

②狼队讨论

佟佟说："老狼要跑得快。"

小誉说："老狼可以等小羊靠近的时候再喊'开饭了'。"

馨馨说："老狼可以像灰太狼一样给小羊设置各种陷阱，让小羊一个都逃不掉。"

教师还可以根据孩子们在游戏中遇到的问题继续进行游戏拓展和创新。例如，当孩子们发现狼总是能抓住羊，所有的孩子都跑去当狼，这个时候教师可以让孩子们就这个问题进行讨论，根据公平原则决定谁当老狼、谁当小羊；或者是就"小羊总是容易被抓"的问题进行讨论，想出"营救小羊"的办法。

通过利用不同角色之间的冲突，幼儿能够迅速代入到角色之中，划分阵营，对冲突进行讨论，能够联系生活经验，将其转化为解决冲突的有效策略，从而激发创新意识，提高创造才能。

（2）相同角色有合作

不同角色之间的冲突能够促进幼儿对游戏的创新，包含相同角色之间合作的游戏也能够促进幼儿想象力的发展。游戏伙伴之间的相互合作有的时候能迸发出耀眼的火花，因而相同角色建立良好的合作关系，齐心协力地对抗另一方就能取得游戏的胜利。

因此，教师在选择民间游戏时，不仅要选择两个角色之间有冲突的，还要考虑相同角色之间是否有合作的可能性。

在开展民间游戏"趣味跨步抓人"时，孩子们一开始是以"以一敌多"的方式开展的，一个人去抓几个人，渐渐地抓捕者便觉得这样玩没有一点成就感。

抓捕者说："他们跨步跨得那么远，我根本就抓不到他们，我不想玩这个游戏了。"

于是，教师便引导他："你是不是也可以像他们一样找到自己的好伙伴一起抓他们呢？"

幼儿这时便想到给自己找一个好伙伴，并且想出了一个人拉着一个人的策略，这样就大大增加了抓到人的概率。与此同时，幼儿还想出了其他的方法，比如用单手撑地的方式来抓人，这些都是幼儿和自己的小伙伴合作想出的游戏策略。

已有研究表明，民间游戏能够促进幼儿的社会交往能力的发展，而合作性也是幼儿创造性人格中包含的重要特质。相同角色之间的互相合作在促进同伴互相交往的同时也能激发幼儿的创造性和想象力，展现出"1+1>2"的效果。

3. 选择贴合幼儿生活的游戏情境

民间游戏的一个特点是包含着丰富的情境，而这个情境可以作为幼儿生发出新的游戏的基点。这个基点相当于教师搭建的脚手架，能够有效地促进幼儿朝着自己的最近发展区迈进，同时也可以为幼儿游戏营造良好的氛围，激发创造欲望。

在选择民间游戏时要注意，不是包含情境的民间游戏都可以拿来就用，要经过仔细的筛选，注意甄别其是否适宜幼儿的年龄段，幼儿对其中的情境是否能理解。

教师要站在幼儿的角度去思考问题，了解幼儿的已有的认知经验，以便在此基础上选择适合的游戏情境，更好地促进幼儿由已知迈向未知的过程中创造性的发挥。

根据此原则，以下几类是比较适合幼儿且贴近其生活的民间游戏，有助于幼儿的理解和创造。

（1）动物情境的游戏

此类游戏有小老鼠上灯台、虫虫飞、十二生肖、两只小蜜蜂、老鹰抓小鸡、老狼老狼几点钟、盲人摸象、数青蛙等等。

在开展民间游戏"老鹰抓小鸡"时，教师让幼儿自行理解游戏情境。

幼儿说："老鹰在抓小鸡的时候，鸡妈妈会一直保护鸡宝宝，不让他们被老鹰抓走。"

于是，他们就"如何不让老鹰抓走鸡宝宝"的问题进行了讨论。

茂茂说："可以让鸡妈妈把鸡宝宝带回自己的鸡窝里，这样鸡宝宝就不会被抓走了。"

钧钧说："可以让一个小朋友扮演老鹰的天敌，把它给抓走。"

小宇说："可以在鸡妈妈身上绑一根绳子，把鸡宝宝都绑在一起。"

幼儿尝试根据"鸡妈妈"和"鸡宝宝"之间母爱的联结去思考这个问题，这就是通过对已有经验的思考发挥自身的创造才能。

（2）幼儿现实环境的游戏

此类游戏有摇到外婆桥、山上有个木头人、风车转起来、炒黄豆、踢瓶盖、有趣的手影、踩高跷、旱地龙舟、钻山洞等等。

"有趣的手影"属于益智类民间游戏，在该游戏中，幼儿可以对日常生活中影子的变化进行观察，发现影子的不同形态，比如人、伞、房子、树、动物的影子。幼儿可以根据对影子的观察尝试用手指灵活地变换出不同的形态，并且可以创编不同形态之间的故事，利用手影加配音的方式呈现出来。

教师在进行该类民间游戏指导时，可以通过联系幼儿的实际生活去触发其创造力和想象力。孩子们对于游戏问题的探讨都是从自己的实际生活出发，这些游戏贴近幼儿日常生活和认知，能够引起幼儿的共鸣，使幼儿能够更好地理解游戏情境的内容，然后动脑筋、想办法去获得游戏的胜利。

在这个过程中幼儿所展现出来的就是他们在理解的基础上进行的创新，这种创新是紧紧依靠着幼儿已有的经验发展出来的，能够激发幼儿源源不断的探索欲望和动力，维持幼儿的创造热情。

（二）选择和制作简便易得的民间游戏材料

材料是游戏中的关键一环，材料选择和投放的方式直接影响到幼儿对游戏的兴趣及体验感。民间游戏材料以"简便易得"著称，所以教师在选择游戏材料时要结合其特点，使民间游戏的"民间"二字显现出来，选择一些幼儿能够随处获取的材料。教师还可以选择一些同一类型但材质不同的材料，因为不同的材质会有不同的特点，这些差异会让幼儿重新对材料进行探索，以激发其创造力。

1. 选择简单易得的材料

民间游戏的材料选择一般由教师进行，教师通常会根据每种游戏所需材料进行大批量的采购，这种材料选择的方式俨然成为幼儿园一种常见的状态。然而，一味地投入高结构的材料，幼儿并不能对材料进行深入的探索。材料的投放可以划分为只有一种玩法的高结构性材料、有多种玩法的低结构性材料以及无玩法限制的非结构性材料。[1] 从游戏玩法的角度来看，不同层次结构的材料会影响幼儿对材料玩法的感知和探究，越是低结构的材料就越能让幼儿迸发出创造兴趣。

（1）自然材料

大自然本来就富含着多种多样的材料，将游戏材料延伸至自然环境，也能丰富幼儿游戏的内容。在民间游戏的开展过程中，可以多利用自然材料，因为这与民间游戏材料具有简单易得的特点相符合。自然材料的低结构性为幼儿的创新能力发展提供了可能性，同时自然材料的不同形态也是值得幼儿深入探究的一个重要因素，让幼儿利用自己的认知赋予自然材料不同的内涵，使得每种材料在不同幼儿的利用中产生不同的游戏意义。

在进行民间游戏"挑小棒"时，教师去小区里面收集了一些大小和长度不一的树枝。之所以选择树枝，是因为树枝是幼儿日常生活中随处可见的游戏材料，不同树枝的形态幼儿可以赋予不同的含义。孩子们就"这些

---

① 华爱华 . 活动区材料的投放方式与幼儿行为及发展的关系 [J]. 幼儿教育 ,2008(07):4–7.

树枝可以怎么利用"进行了讨论。

安安说："不同长度的树枝可以代表不同的分，谁挑起最长的树枝谁得的分就最多，这样就更容易赢了。"

芮芮说："我和楠楠是把最粗的树枝拿出来放在一边，最后谁挑的树枝最多就可以得到这根最粗的树枝了，还有带羽毛的树枝也是这样的。"

晨晨说："可以把我们之前用的雪糕棒和树枝放在一起玩'挑小棒'的游戏，应该会很有趣！"

由于幼儿处于皮亚杰认知发展阶段的"前运算阶段"，他们对于材料的感知主要来自于视觉、听觉、触觉、嗅觉等方面，只有亲身体验、实际操作、直接感知、亲近自然，才能了解材料的特性，而自然材料正好符合孩子们这个阶段的特征，能够激发幼儿探索的欲望和创新的兴趣。

（2）替代材料

替代材料的选择主要是从材料的形态和幼儿的经验两方面去引导幼儿进行选择，幼儿园的材料有限，因此可以将选择的范围拓展至家中。家中也是民间游戏材料来源的一个方面，是除幼儿园之外，幼儿生活时间最长的区域。有很多的游戏材料幼儿园没法提供，就可以通过回家收集的方式扩展游戏材料，丰富幼儿游戏的材料库。

在民间游戏"挑小棒"中，幼儿就"可以用家里的哪些材料来玩这个游戏"的问题进行了讨论和实践。

凯凯分享道："我在家里用筷子来玩挑小棒的游戏。筷子是圆的，挑小棒的时候老是容易滚，所以我每次都是轻轻地挑小棒。"

晨晨说："我和我的姐姐用铅笔来玩这个游戏。我们还加入了剪刀石头布的游戏，谁赢了谁就可以先挑小棒。"

嘉嘉说："我用吸管来玩挑小棒的游戏。吸管好轻，挑小棒的时候很容易就会碰到其他的吸管。"

阳阳说："我和爸爸玩这个游戏的时候，用棉签当作挑小棒的道具，这样就不容易碰到其他小棒了。"

从幼儿选择家中材料的类型可以看出，幼儿喜欢选择一些外形相似的替代物，比如小棒具有"细细长长"的特点，幼儿在家中也会寻找类似的替代物，如筷子、铅笔、吸管、棉签等。所以教师在选择民间游戏材料时可以让幼儿根据材料的外形在家中选取相应的替代物，以此来达到促进幼儿创新游戏玩法的目的。

在民间游戏"拍画片"中，幼儿就"可以用家里的哪些材料来玩这个游戏"的问题进行了讨论和实践。

晨晨说："我在家里用奥特曼卡片和爸爸一起玩这个游戏。我还添加了吸管，用吸管来吹画片，谁吹翻得多谁就赢了这一局。"

琦琦说："我用妈妈衣服上的吊牌来玩拍画片的游戏。我发现吊牌好硬，很难拍翻，所以妈妈把吊牌折了一下，就变得好拍了。"

阳阳说："我用我的识字卡片来玩这个游戏。有字的一面当作正面，没字的一面当作背面。"

孩子们充分利用家里的材料来玩拍画片的游戏，同时又带有自己独特的创新方式，这种方式能够有利于发散性思维的发展。家庭中随处可见的材料也可以作为幼儿创造性思维发展的促进点。

2. 制作简单易得的材料

幼儿园中游戏材料的制作主要是以教师为主，幼儿较少参与到教玩具制作中来，能够参与的大多是一些最后的材料装饰部分。游戏材料都由教师手工制作，占用了教师许多工作之外的时间，也浪费了让幼儿动手及师幼互动的大好机会。

民间游戏的材料除了来自于大自然和日常生活中常见的物品，还可以对材料进行组合或重组。民间游戏中很多材料都是人们手工制做的，比如毽子，有的是用鸡毛和啤酒瓶盖组合制作而成的，还有的是用塑料绳剪成细丝穿过铁环制成的。

结合民间游戏的特点和材料制作的方式，主要有三个步骤进行民间游戏材料制作。

（1）收集材料——从观察周围环境入手

自制民间游戏材料必须从取材开始，材料来源于幼儿的生活。教师在平时的活动中要注重培养幼儿善于观察、注意细节的能力，培养其"将周围不起眼的小物品转变为自己游戏材料"的能力。这种能力也是培养幼儿创造性人格中的重要一环。培养幼儿良好的收集兴趣，促进他们对周围环境的敏锐度，这是幼儿进行创造性活动的基础。

在制作丢沙包的"沙包"时，根据"沙包"的特征，孩子们讨论收集一些可以制作的材料，通过收集不同的材料设计了属于自己的沙包。凯凯找来小区里的沙子和塑料袋，制作了一个真正的"沙包"；嘉嘉通过收集奶奶做衣服剩下的棉花和花布来制作属于自己的沙包；楠楠收集了各种不同的叶子，打算用塑料袋装起来制作自己的沙包。

综上所述，收集材料的途径主要是在家里和幼儿园。收集材料的前提是要依据幼儿游戏的主题和生活经验，丢沙包可以从"沙包"出发，跳房子可以从"房子"出发，挑小棒可以从"小棒"出发，老狼老狼几点钟可以从"角色"出发。根据不同类型游戏的特点，教师引导幼儿有针对性地调动已有经验收集材料。

（2）尝试制作——从幼儿独立与合作入手

在游戏材料的制作过程中难免会遇到一些问题和麻烦，这也是很多老师不愿意让幼儿参与制作游戏材料的一大原因，但这是幼儿学会自己解决问题的一个好机会。通过独立思考和与他人合作的方式，幼儿在解决问题的过程中可以发掘一些创造性的思路。因此，在民间游戏材料制作环节中，教师要让幼儿运用多种方式解决制作过程中遇到的问题和挑战。

孩子们收集完材料，接下来就是制作环节了。在制作的一开始，孩子们就遇到了问题。

嘉嘉看着眼前的棉花和花布说："这些棉花塞不进花布里面，它老是会跑出来，我不想做了。"

于是教师请其他同学帮她想想办法："怎样才能让棉花乖乖地待在花布里面呢？"

小朋友们展开了讨论。

今今说："可以用针把沙包缝起来，我们美工区有针和线。"

琳琳说："用针缝太难了，可以用胶水把布黏起来。"

接着，嘉嘉在大家的建议下开始用两种不同的方式进行尝试和探索，发现用针缝起来的沙包更牢固，不容易散掉，于是大家都认可用这种方式。

制作民间游戏材料的过程也可以触发幼儿的创造力和想象力，让幼儿根据自己在制作过程中遇到的困难，和小伙伴们一起想出新的解决问题的方法。

（3）试玩材料——通过问题引导幼儿创造

试玩制作成品的过程就是幼儿检验自己制作材料是否有效的过程，这个过程会把之前在选材、制作过程中的问题暴露出来，幼儿可以根据这些问题展开想象，进行深入探究。

沙包做好了，幼儿开始试玩自己的沙包，但是在试玩的过程中又出现了新问题，嘉嘉发现自己用棉花做的沙包只能扔一点距离，所以她老是打不到别人。

教师从可以两方面进行引导：利用现有材料，除了可以玩丢沙包，还可以玩其他的游戏吗？如何改进现有的材料，使得它能够像普通的沙包一样丢得更远？

基于这两个方面的问题，幼儿进行了激烈的探讨。

玥玥说："可以把棉花沙包当作画画的工具，在上面画画。"

墨墨说："可以把这个沙包当作外星人的炮弹，发射出去。"

睿睿说："可以往棉花里加一些东西，让它变得更重一些。"

小泽补充道："可以加积木，或者加石头。"

芮芮反驳道："加石头很容易打到别人，会很痛的。"

最后一诺说："可以加黄豆或者是沙子，这样就不会打得很痛。"

从孩子们对于游戏的探讨可以看出，他们根据材料的特性、试玩的效果来反推材料制作过程中的问题，然后根据问题提出不同的解决方案，这种方式促进了幼儿发散性思维的发展。

3. 民间游戏材料的投放方式

材料投放的方式也是影响幼儿创造力发展的一个重要因素。民间游戏的材料投放更讲究"随意性"，这种随意不是完全不理会，而是要为幼儿营造出一种民间游戏材料随处可见、随时可玩的氛围，让幼儿能够更加大胆地加入到创新创造的行列中来。

根据民间游戏的特点，在游戏的不同阶段教师应采取不同的材料投放方式，有效地促进幼儿创新能力的发展。

（1）游戏开始前自由投放材料——吸引幼儿好奇心

民间游戏开始前，可以采用自由开放的材料投放方式，把将要开展的民间游戏材料投放至活动区中。教师无需提前告知幼儿游戏材料的玩法，让幼儿自由探索材料的玩法，对材料的特征和用途产生自己的想法，以便在之后的创造活动中有更多的创造角度。

在民间游戏"挑小棒"正式开始前，幼儿对小棒这个材料进行了积极的探索，发现了许多不同的用途。

睿睿说："可以用小棒来玩摆数字的游戏，还可以用它来拼房子和树。"

小毅说："我们可以来玩叠小棒的游戏，谁叠得最高谁就赢。"

小宇说："可以把小棒当作孙悟空的金箍棒。"

钧钧接着说："我可以把它当作一把剑，然后去打坏人。"

安安说："可以把它当作一匹马，玩骑马的游戏。"

民间游戏开始前，教师采用自由开放的材料投放方式，激发了幼儿对"小棒"这个材料的好奇心，好奇心又驱动他们进行材料探索，最终发现了材料的多种用途。

（2）游戏过程中探索发现材料——激发幼儿独创性

民间游戏开展过程中，教师可以采取探索发现的材料投放方式。探索发现式具体有两种投放方式：一是问题情境式投放，即通过材料投放来创设问题情境，引起幼儿的认知冲突，让幼儿通过探索逐渐接近正确的知识；二是经验系统化投放，即通过若干并列或递进的探索活动，让幼儿在原有经验的基础上获得新的经验。[①] 教师可以根据所选民间游戏的特点选取适合的材料投放方式。

在民间游戏"挑小棒"活动过程中，更适合使用经验系统化的投放方式，教师可以逐步投放一些与原来的材料有所不同的材料，拓展幼儿的认知边界。

教师在游戏活动区投放了一些带有彩色标签和数字标签的小棒，引起了幼儿强烈的好奇心。

涛涛把小伙伴叫过来说："你们看，有的小棒上面有红色和绿色的标签呢！"

其他小朋友也有了新的发现："这里还有几个小棒上面标有数字。"

大家一起商量："我们把这些小棒都挑出来吧！"

于是小朋友们拿着这些小棒找到老师，问："为什么这些小棒和平时的

---

① 华爱华. 活动区材料的投放方式与幼儿行为及发展的关系 [J]. 幼儿教育,2008(07):4-7.

不一样呢？"

老师反问小朋友们："你们觉得这些特殊的小棒可以怎么玩呢？"

幼儿七嘴八舌地讨论起来。

嘉嘉说："这个红色和绿色的小棒可以当作红绿灯。如果挑起来的小棒是红色的，那就要让另一个人多挑一次；如果跳起来的是绿色的，自己就可以多挑一次小棒。"

一诺说："如果有人挑到了有数字的小棒，小棒上的数字是几就可以挑几次。"

……

教师通过对幼儿游戏的观察，发现幼儿更喜欢探究有数字的小棒。于是教师又为幼儿添加了新的游戏材料——带有数字的卡片。幼儿针对这些卡片的用途进行了讨论。

辰辰说："可以用数字卡片来决定挑几次小棒。"

芮芮说："这些数字卡片可以用来决定谁先挑小棒。就是在游戏开始前一起抽卡片，谁抽的数字大谁就先挑小棒。"

……

教师通过一层一层的材料叠加，使幼儿能够探究新的材料用途，并且能够把原先的材料和新的材料进行不同的组合，以此来表现个人创造的独特性。

（3）游戏结束后继续探索材料——延伸幼儿创造思维

民间游戏结束后，教师可以继续采用自由开放的材料投放方式，把幼儿玩过的游戏材料都投放进活动区域中，让幼儿能够继续探究游戏的玩法，并且能够让幼儿在无拘无束的环境下感受民间游戏的随意性。

4. 回归游戏本身，主动选择材料

就民间游戏最初的开展方式来看，游戏材料的选择是由游戏参与者自己决定的，因此，在幼儿园中材料选择的主体可以逐渐由教师过渡到幼儿。在一个游戏刚开始时可以以教师提前准备材料为主，接着让幼儿寻找生活中的材料进行替代，最后逐渐将游戏玩法和材料选择的权力交给幼儿。

在开展民间游戏的过程中，教师可以将游戏材料的选择权完全交到幼儿手中，让幼儿根据民间游戏情境自行选择所需要的材料，这些材料可以是之前玩过的民间游戏材料，也可以是幼儿园室内和户外的任何材料。这个想法也是基于民间游戏"材料简便易得"的特点而设定的，材料不再是固定的模样，筐子不再是装材料的工具，跳绳也不再只有跳这一项用途。

在开展民间游戏"跳房子"时，幼儿可以自行选择适合的"房子"。

琳琳说："我要和诺诺一起玩两个人比赛的跳房子。"

他们一起选择了体能环、跳绳、小球来设计属于他们的房子。

楠楠说："我要玩自己设计的房子，自己一个人玩。"

楠楠设计的房子不再是原来"跳房子"的房子模样，而是用箭头、体能环、绳子搭出的火箭房子。

搭建房子的材料不同了，幼儿的玩法也跟着改变，由原先"跳"的动作改为"爬"或者"按照指示箭头进行跳跃"，还加入了一些其他的关卡，比如解救小动物。

这种将选择材料的权力交到幼儿手中的理念，打破了思维定式的局限。教师营造这种自由轻松的心理氛围，让幼儿能够大胆选择材料，不必小心翼翼害怕教师批评。也正是教师给予的这份信任，才让幼儿能够有底气展现自己的想法，不怕出错，从而在不断的试错中找到适合的创新方式。

（三）游戏场地的选择和利用

民间游戏场地的选择不仅要符合游戏本身的特点，是在户外还是在室内开展游戏，而且不同场地的选择本身就能够激发幼儿的创造欲望，变换游戏场地也能更好地激发幼儿探究的好奇心。

1. 根据游戏类型选择

从陈连山对民间游戏的分类来看，民间游戏可以分为身体运动类、巧用器具类、智力类三类游戏。身体运动类比较适合在户外进行；巧用器具类需要考虑游戏材料的大小和多少，酌情考虑在室内还是在户外；智力游戏则比较适合在一个室内安静的环境下进行。

（1）身体运动类民间游戏需要在一个比较空旷且宽敞的户外场地上进行，同时，除了要保障幼儿的安全性之外，还需要教师的辅助。在户外环境中，不可控的因素较多，一些突发情况往往会超出教师的预设。因此教师在身体运动类民间游戏活动中要善于发现和捕捉幼儿的创新玩法，让幼儿运用肢体运动进行创新。

在"跨步抓人"的游戏中，教师可以引导幼儿通过在户外环境变换不同的肢体动作来创新游戏的玩法。

在游戏"跳房子"中，教师不仅可以选择户外，还可以选择走廊、长廊等区域开展游戏。这类区域有一个空间的限制，可以让幼儿集中于眼前的游戏活动，不被其他因素干扰。

幼儿对这类游戏的创造主要是从改变肢体运动的角度出发，因此场地的选择应当以宽敞、平坦、安全为主，同时可以对空间的大小有一个相对的设定，让幼儿沉浸在民间游戏当中。

（2）巧用器具类民间游戏可以根据所用材料的大小和数量选择在户外还是室内。当然除了大的场地范围会影响幼儿的创造性思维，场地内部的一些设施也会影响幼儿创造才能的发挥。

在民间游戏"投壶"中，教师对幼儿投壶距离的设定会直接影响到幼儿对游戏的兴趣，距离过长会导致幼儿很难投中，距离过短则幼儿的游戏成就感就会大大降低。

在民间游戏"丢沙包"中，如果采用"躲避球"的方式来玩这个游戏，那么游戏场地的大小设置会直接影响到游戏效果，因此教师可以根据幼儿投射沙包的平均距离设置游戏场地的大小。

教师在开展此类游戏时不仅要关注室内外，还要关注小场地的设置，可以从幼儿的真实体验出发设置幼儿和对象之间的距离。

（3）智力类民间游戏中幼儿创造才能的发挥主要体现在思考过程中，因此该类游戏应当选择安静的场地，在这种氛围下幼儿才能够集中精神想出一些新的游戏玩法。

在进行棋类游戏时，需要为幼儿创设一个安静的环境，因为棋类游戏主要是二者之间策略的博弈，这种博弈谋算的是谁能够赢得棋局。这类游戏的创新体现在幼儿能够出其不意，在对手毫无防备之时落子，获得本局的制胜点，只有幼儿处于一个安静的环境中才能够有利于其创造才能的发挥。

所以教师在选择此类民间游戏的场地时，需要把"安静"这个要求摆在第一位，同时周围的环境也尽量不要有干扰元素，比如过于花哨的墙面布置。

2. 更换场地创新游戏玩法

民间游戏场地的改变会影响幼儿对游戏玩法的选择，幼儿可以根据不同的场地变换不同的游戏方式，主要是在游戏人数、游戏策略、游戏玩法等方面进行改变和创新。

（1）改变游戏人数

通常游戏场地的大小会直接影响游戏参与人数的多少。在进行游戏活动时，幼儿可以根据游戏场地的大小自行选择游戏伙伴，这也是民间游戏得以风靡某个地区的原因。人数的多少会影响到游戏规则的制定，游戏玩法因为人数的改变而变得有所不同，这也是幼儿创造力发挥的体现。

在"冲城"这个民间游戏中，幼儿可以根据场地的大小对以下规则进行设定：是冲一个城，还是冲两个或多个城；守城人是一个还是两个，如果是两个的话，是两个人都摸到了闯关者算守城成功，还是一个人摸到就算；是以一敌多，还是两方人数一样多。

当然，在其他游戏中也会通过改变游戏人数来改变场地大小，比如跳皮筋是一个人把绳子系在凳子上跳，还是三个人中两个人系皮筋、一个人跳，这些都是因为场地的原因引起的人数变化。

（2）创新游戏策略

民间游戏场地的变换会让幼儿对游戏中使用的策略重新进行思考，并且发挥自己的创造才能来重新设定游戏策略。

在民间游戏"老鹰抓小鸡"中，如果选择的场地比较大，那么参与游戏的人数自然会增加，随之而来面临的问题就是"小鸡很容易被老鹰抓住"，这个时候幼儿就会根据场地的大小来调整自己的策略。在场地充足的情况下，幼儿可以将原先的"躲避跑"转变为"旋转跑"，这样能够有效拉大老鹰和小鸡的距离，帮助鸡妈妈和小鸡获得游戏的胜利。老鹰则会根据小鸡的这种方式随机应变，采取"声东击西"的方式来捕捉小鸡。

游戏双方在进行游戏的过程中不仅可以通过以上方式改变策略，还可以有效利用周围环境提高自身的成功率。

在民间游戏"捉迷藏"中，场地过大会让"抓人者"很难抓住"躲藏者"。因此，在进行游戏前，幼儿除了可以限定游戏范围，还可以通过更换游戏策略，即通过声音定位幼儿位置从而降低游戏难度，缩短游戏时长，增加游戏趣味。

场地的变换会促使幼儿调整游戏策略，有效提高游戏的成功率，在保证游戏公平的前提下促进幼儿创造性思维的发展。

（四）游戏组织形式

游戏的组织形式主要分为三大类，集体、分组和个人，其中分组又包含大组和小组。从民间游戏的性质可以看出，大部分民间游戏的开展至少需要2~3 人，那么在进行游戏分组的时候以"小组"为最佳，"小组"的方式也能更好地提升小组内部幼儿每个人的参与度，并且有利于激发创造热情。

关于"怎么将整个班级分为若干小组"的问题，最好采用随机分组的方式，而不要让幼儿因性别、能力、性格等体验来自同伴的"忽视"或"拒绝"的压力。[①] 在民间游戏中，根据幼儿的喜好进行分组能够促进幼儿创造性行为的产生。

当教师尝试按照幼儿能力搭配的方式尽心分组时，能力较强的一方往往会主导游戏的发展方向并排斥游戏同伴的想法，导致同伴对游戏的自信心和积极性都受到影响；而当教师尝试根据幼儿的喜好进行分组时，幼儿更愿意表达"我喜欢和某某某一起玩游戏，我要和他一组"，在游戏中更能想出一些新的游戏点子。

自由选择游戏同伴的方式为幼儿创造了一个熟悉且轻松的心理氛围，和自己的好朋友在一起游戏，幼儿更愿意表达自己的想法，同伴也能够接纳对方的想法，将二者的创新点融合在一起，使得游戏创新更具独创性和特色。

（五）选择合适的教师角色定位

幼儿自己难以通过个人想象与活动感受汇总出参与某个游戏的深层内涵，而且也会遇到一些需要教师帮忙解决的游戏问题。[②] 因此，教师的有效引导是幼儿迈向最近发展区的重要途径，特别是当幼儿遇到问题无法解决时，教师的角色显得尤为重要。如何有效地在民间游戏中发掘幼儿创造力，要求教师要找准自己的角色定位，做幼儿游戏的观察者、灵活机动的计划者、创意实践的合作者。

1. 幼儿游戏的观察者

教师要想促进幼儿创造力的发展，就必须对幼儿的创造性行为进行观察和记录，以便在游戏结束后对游戏进行复盘，分析幼儿在游戏中出现的

---

① 刘焱 . 儿童游戏通论 [M]. 北京：北京师范大学出版社 ,2004:349–350.
② 洪碧宏 . 幼儿主体与教师主导在幼儿区域游戏中的有效融合 [J]. 课程教育研究 ,2019(19):9.

创造性行为。

（1）全面观察与重点观察相结合

当幼儿开始民间游戏时，教师首先要纵观全局，看看是否所有的小朋友都投入到了游戏中，是否能够在游戏中感受到愉悦，是否尝试在游戏中发挥自己的创造才能，是否愿意与他人合作，遇到困难是否能够自行解决等。教师可以将这种行为大致记录到观察记录本上，以此对幼儿的游戏进行一个总体评估。

在进行重点评估后，教师可以针对游戏中幼儿对某种民间游戏的新想法进行观察，并询问幼儿新的想法是怎么实施的，需要多少个小朋友加入到游戏中来，制定的规则是怎么样的，以此来了解幼儿的新想法。事后，教师可以通过对观察记录的分析来了解幼儿此种行为蕴含的创造性因素。

（2）注重记录幼儿创造性行为

观察幼儿进行民间游戏时需要对幼儿在游戏中产生的创造性行为进行记录，不同类型的民间游戏记录重点也不一样。

1）身体运动类

这类民间游戏主要是借助身体运动的方式来进行游戏，因此教师观察的重点应该落在幼儿游戏时的身体动作上，看看幼儿在进行游戏玩耍时会不会改变自身的运动轨迹和运动策略，从而获得游戏胜利。

在民间游戏"木头人"中，幼儿玩过常规玩法后，通过协商改变游戏的运动轨迹，规定"被抓者"只能根据规定的路线逃跑。这种通过改变运动轨迹而创造游戏的方式就是教师应当记录下来的东西。

2）巧用器具类

这类民间游戏主要是以材料为载体进行游戏，不同的民间游戏有不同的材料，而幼儿创造性才能的发挥主要体现在对材料的探索和替代，因此教师应该重点从以下几部分进行观察记录。

①材料探索时，教师重点记录幼儿对材料进行了哪几方面的探索，这些方面的探索是常规性的还是新颖性的，新颖性体现在何处。

在对"投壶"游戏材料进行探索时，幼儿分别对"箭"和"壶"进行了探索。小朋友们用"箭"来玩耍花枪、投掷游戏、摆图形；而对于"壶"的探索，幼儿更多地集中在探索壶是用来装什么的。其中，用"箭"来玩耍花枪、投掷游戏、摆图形，皆是幼儿创造性的表现，教师可以将其记录下来。

②材料替代时，教师重点记录幼儿用什么材料替代了原本的材料，这种新材料的加入有没有引发新的游戏内容。因为幼儿的这种行为体现了他们能够摆脱固定思维，用不同的材料来玩相同的游戏，这既是创造性思维的一种表现，也是民间游戏材料随处可得特点的展现。

幼儿在进行民间游戏"拍画片"时，会在幼儿园和家中运用不同的物品对原本教师提供的画片进行替代，这样即使在手边缺乏相应材料的时候幼儿也能和小伙伴以及家人一起玩拍画片的游戏，并在这个过程中创设出一些新的游戏规则。

幼儿替代材料的抽象性可以反映幼儿创造能力的高低，所以教师要进行较为细致的记录，以便分析幼儿创造性思维的各个方面，有针对性地提高幼儿的创新能力。

3）智力类

这类民间游戏主要是依靠脑力运动进行的，讲求的是策略的不同。因此，观察和记录重点应该放在幼儿使用的不同策略上面。

在民间游戏"五子棋"中，教师应该重点观察和记录幼儿落子的策略相较于上一次是否有进步。这类游戏的创造性较为隐蔽，所以教师应先去了解该游戏的玩法和策略，以便及时甄别幼儿在游戏中的创造力。

智力类游戏很考验教师对所观察游戏的熟悉程度，只有教师具有"创造性"的理念，才能够看出幼儿在游戏中策略的使用，并记录下来。

2. 灵活机动的计划者

教师在进行游戏前都会制定计划。在民间游戏中，幼儿被赋予了较大的主动性，所以教师要根据幼儿的兴趣随时对民间游戏的开展计划进行修订，以此来满足幼儿的发展。

在进行民间游戏"踩高跷"时，幼儿可以在之前玩高跷的经验基础上想出一些新的游戏方式，例如高跷接力赛、高跷运物品、高跷绕障碍物走。这个时候教师要根据幼儿的想法灵活改变计划，满足幼儿的游戏需求，并在此基础上引导幼儿想出一些适合其发展的游戏方式。

当幼儿在踩高跷游戏中无法继续进行游戏时，教师可以灵活地改变游戏计划，适时提问，帮助幼儿进行游戏活动。

所以，在进行民间游戏时，教师可以根据幼儿的表现及时改变自己的方式，并且能够对游戏进行灵活的变换，以达到促进幼儿发展的作用。

3. 创意实践的合作者

幼儿是创意想象的主体，教师的角色可以是幼儿想象的引导者和启发者，可以是幼儿创意实践的观察者和记录者，也可以是幼儿创意实现落地的合作者。幼儿创意想象的呈现少不了教师的合作。

在制作民间游戏材料时，由于幼儿的精细动作发展还不完全，所以有些需要缝合、拧紧、打结的物品幼儿无法独立完成，这个时候就需要教师参与进来，与幼儿一同完成材料制作。

制作沙包时，孩子们经历了几个阶段。

第一阶段，孩子们寻找材料，对内部材料和外部材料分别进行了讨论，对内部材料的讨论主要集中在选择沙子还是棉花。最终孩子们选择了沙子，因为沙子有重量，而外部材料则选择了用布。

第二阶段，难点来了，怎么将沙子装到布里面不会漏出来呢？有的孩子说可以用胶水粘住，有的说用装订机订上，还有的说用针缝住。孩子们都进行了尝试，发现前面两种漏沙漏得多，而最后一种漏沙最少，于是开始了艰难的缝合之路。

第三阶段，寻求帮助，孩子们发现自己的缝合方式不能完全将沙袋缝住，于是寻求教师的帮助。教师教给孩子们一些缝合技巧，于是孩子们信心满满地将沙袋缝合好，并愉快地玩起了丢沙包的游戏。

所以，在进行民间游戏时，教师可以根据幼儿遇到的问题，积极参与，成为幼儿的合作伙伴，以促进幼儿创造想象的实现。

四、实践案例

案例1："老狼老狼几点钟"游戏活动案例

（一）游戏主题

认知性目标：知道"老狼老狼几点钟"的玩法，并了解创新游戏的方式。

技能性目标：学会从多种角度创新"老狼老狼几点钟"，发挥自己的独创性。

情感性目标：喜欢玩"老狼老狼几点钟"，并愿意尝试发挥创造性思维，为游戏增添乐趣。

（二）材料准备

追逐飘带、百变绳、中号单元桶、大号体能环、大龟背

（三）游戏过程

1. 试玩法，享乐趣

幼儿玩"老狼老狼几点钟"，唤醒已有经验。

教师说："今天呢，老师要和小朋友们来玩一个游戏。这个游戏中有两个角色，小羊和老狼，小朋友们猜一猜是什么游戏？"幼儿讨论并举手回答。

教师问："在玩游戏前，老师把小朋友们分成三组，每一组要选择一个人来当老狼，有没有自告奋勇的？"教师根据幼儿的创造力水平进行分组。

教师说："现在我们要准备下楼玩游戏了，老师有一个要求，希望小朋友们在玩游戏的时候能够专心玩游戏，同时也可以想一想怎么让这个游戏变得更好玩。"幼儿开始玩游戏。

注意：配班老师主要观察幼儿在游戏的过程中有没有一些新的游戏玩法生成，同时观察幼儿在游戏过程中的体验感，并用手机拍下来。

2. 教师总结，激发创造

教师根据观察到的幼儿游戏过程，总结幼儿成功和失败的经验，并对已经出现创造性行为的幼儿予以鼓励。

教师说："在这次的游戏中老师发现有一些小朋友已经有了一些创造性的想法，我们一起来看一看吧！"

教师播放视频和图片，扮演老狼的幼儿在进行游戏时巧妙运用场地的特点，利用玻璃反光的原理为游戏增加自己抓人的概率。

教师根据幼儿的策略创新、角色创新、玩法创新等方向进行小结，帮助幼儿拓展游戏创新的思路。

3. 引入角色、投放材料、开展新玩法

（1）教师引入角色，给孩子一个支点进行创造

教师说："刚刚小朋友们已经玩了这个游戏，玩得非常开心。老师发现有些老狼抓住了小羊，有些老狼没有抓住。"

教师问："如果是灰太狼，他会想什么办法抓羊呢？如果是喜羊羊的话，他又会想什么方法逃避灰太狼的抓捕呢？现在请小朋友们分为两组，分别代表灰太狼和喜羊羊，想想怎么帮助小羊和老狼。"幼儿展开讨论。

（2）教师投放材料，让幼儿创新游戏玩法

教师提供追逐飘带、大号体能环、中号单元桶、大龟背等材料，问："这些材料都是干什么用的呢？都可以怎么玩呢？"教师请幼儿上来尝试玩。

教师问："那么这些材料对小羊复活和老狼捕捉有什么帮助呢？"幼儿进行讨论。

教师说："现在请你们把想法画出来吧！"师教给幼儿分发纸和画笔。

（3）教师组织幼儿开展新的游戏活动

（案例来源：万淑芬／江西师范大学附属幼儿园）

案例 2："挑小棒"游戏活动案例

（一）游戏主题目标

认知性目标：知道小棒的玩法，并了解创新游戏的方式。

技能性目标：学会从多种角度创新"挑小棒"，发挥自己的独创性。

情感性目标：喜欢玩"挑小棒"游戏，并愿意尝试发挥创造性思维，为游戏增添乐趣。

（二）材料准备

基础材料：雪糕棍、一次性筷子

拓展材料：彩色卡纸、小纸片、纸杯、水瓶、纸板、铅笔

（三）游戏过程

1. 试玩法，享乐趣

幼儿玩"小棒"，教师了解已有经验。

教师说："小朋友们，今天我们的教室里来了一些新朋友。现在请你们去找一找他们都在哪里呢？"教师在开始前将雪糕棍和筷子投放至材料区，幼儿四处寻找。

教师说："看来小朋友们都发现了这个新朋友，现在请小朋友们讲一讲你们都在哪里见过它们，它们分别有什么用途呢？"幼儿开展讨论。

教师问："你们有没有想过用它来玩游戏呢？今天我们就来试一试吧！"

在玩游戏前，教师将小朋友们进行两两分组。

注意：配班老师主要观察幼儿在游戏的过程中有没有一些新的游戏玩法生成，同时观察幼儿在游戏过程中的体验感，并用手机拍下来。

2. 教师总结，激发创造

教师根据观察到的幼儿游戏过程，总结功和失败的经验，并对已经出现创造性行为的幼儿予以鼓励。

由于本班幼儿之前没怎么接触过"挑小棒"的游戏，所以教师要仔细观察孩子们的游戏，从孩子们对小棒施加的动作出发，引导孩子发现"挑"这个动作，进而引入"挑小棒"的游戏。

教师说："在这次的游戏中，老师发现有一些小朋友已经有了一些创造性的想法，我们一起来看一看吧！"

教师播放视频和图片，有的幼儿发现用雪糕棍和一次性筷子玩游戏的难度不相同，一次性筷子更容易滚动，所以根据材料的特性做了一些调整，挑小棒的手法和速度都有所改变。

教师可以根据幼儿在原有游戏基础上的策略创新、玩法创新等方向进行小结，帮助幼儿拓展游戏创新的思路。

3. 投放材料、开展新玩法

教师提供彩色卡纸、小纸片、纸杯、水瓶、纸板、铅笔等材料，并问："这些材料都是干什么用的呢？都可以怎么玩呢？"教师可以请幼儿上来尝试玩。

教师问："这些材料可以怎么加入到'挑小棒'游戏中呢？"幼儿讨论，尝试操作。

教师说："现在请小朋友们试一试吧！"每一组的小朋友可以选择一种拓展材料进行游戏创新。

教师根据幼儿想出的方法，投放材料，开展新的游戏活动。

（案例来源：万淑芬 / 江西师范大学附属幼儿园）

[1] 弗洛伊德.论创造力与无意识[M].孙恺祥,译.北京:中国展望出版社,1986.

[2] 马斯洛.人的潜能和价值:人本主义心理学译文集[M].林方,译.北京:华夏出版社,1987.

[3] 马斯洛.自我实现的人[M].许金声,刘峰,译.北京:生活·读书·新知三联书店,1987.

[4] 赵承福,陈泽河.创造教育研究新进展[M].济南:山东人民出版社,2002.

[5] 朱永新.创新教育论[M].南京:江苏教育出版社,2001.

[6] 斯滕伯格.创造力手册[M].施建农,译.北京:北京理工大学出版社,2005.

[7] 斯滕伯格.智慧、智力和创造力[M].王利群,译.北京:北京理工大学出版社,2007.

[8] 法格博格,莫利,纳尔逊.牛津创新手册[M].柳卸林,郑刚,蔺雷,等译.北京:知识产权出版社,2009.

[9] 吉尔福特.创造性才能:它们的性质、用途与培养[M].施良方,沈剑平,唐晓杰,等译.北京:人民教育出版社,2006.

[10] 艾曼贝尔.创造性社会心理学[M].方展画,胡文斌,文新华,等译.上海:上海社会科学院出版社,1987.

[11] 阿瑞提.创造的秘密[M].钱岗南,译.吉林:辽宁人民出版社,1987.

[12] 韦特海默.创造性思维[M].林宗基,译.北京:教育科学出版社,1987.

[13] 加德纳.大师的创造力:成就人生的7种智能[M].沈致隆,崔蓉晖,陈为峰,等译.北京:中国人民大学出版社,2012.

[14] 玻姆.论创造力[M].洪定国,译.上海:上海科学技术出版社,2001.

[15] 伊森伯格,贾隆戈.创造性思维和基于艺术的学习:学前阶段到小学四年级:第5版[M].叶平枝,杨宁,译.北京:高等教育出版社,2012.

[16] 卡特纳.培养天才儿童的创造力[M].开振南,王维臣,徐嬿,等译.上海:上海译文出版社,2003.

[17] 迪肯佩.儿童的幻想和创造力:关于想象旅行[M].石左虎,译.上海:上海科学普及出版社,2004.

[18] 董奇.儿童创造力发展心理[M].杭州:浙江教育出版社,1993.

[19] 林格伦.课堂教育心理学[M].章志光,张世富,肖毓秀,等译.昆明:云南人民出版社,1983.

[20] 罗杰斯.个人形成论:我的心理治疗观[M].杨广学,尤娜,潘福勤,等译.北京:中国人民大学出版社,2004.

[21] 周兢.幼儿园语言文学教育活动[M].北京:中国广播电视出版社,1992.

[22] 郑日昌.心理测量与测验[M].北京:中国人民大学出版社,2008.

[23] 皮亚杰,海尔德.儿童心理学[M].吴福元,译.北京:商务印书馆,1980.

[24] 黄人颂.学前教育学参考资料(下)[M].北京:人民教育出版社,1991.

[25] 林玉萍.建构区活动指导手册[M].北京:北京师范大学出版社,2017.

[26] 王灿明.儿童创造心理发展引论[M].北京:社会科学文献出版社,2005.

[27] 中华人民共和国教育部.3—6岁儿童学习与发展指南[M].北京:首都师范大学出版社,2012.

［28］东尼·博赞，巴利·博赞.思维导图 [M].卜煜婷，译.北京：化学工业出版社，2015.

［29］刘焱.幼儿园游戏与指导 [M].北京：高等教育出版社，2012.

［30］刘焱.儿童游戏通论 [M].北京：北京师范大学出版社，2004.

［31］北京师范大学中文系文艺理论教研室.文学理论学习参考资料：上册 [M].沈阳：春风文艺出版社，1981.

［32］王宏凯.益智愉心的中国古代游艺 [M].北京：人民教育出版社，1995.

［33］万建中.中国民间文化 [M].北京：北京师范大学出版社，2010.

［34］林继富.中国民间游戏总汇（综合卷）[M].长沙：湖南文艺出版社，2016.

［35］张文新，谷传华，王美萍.中小学生创造力发展 [M].北京：华艺出版社，1999.

［36］柏拉图.法律篇 [M].张智仁，何勤华，译.上海：上海人民出版社,2001.

［37］于顺.遗传与父母教养方式对创造力的预测——基于 DA 和 5-HT 神经递质的系统分析 [D].济南：山东师范大学，2018.

［38］葛孚瑾.影响学生创造性思维能力培养的因素分析 [D].山东：山东师范大学，2006.

［39］苏淑英.4—6 岁幼儿创造力课程开发及效果评估研究 [D].西安：陕西师范大学，2017.

［40］郑雪梅.父母教养方式、自我概念与创造力的关系 [D].济南：山东师范大学，2009.

［41］张承菊.家庭教养方式对中班幼儿创造性思维水平的影响研究——以昆明市四所幼儿园为例 [D].昆明：云南师范大学,2021.

［42］王晓霏.中美科学绘本对中班幼儿创造性影响的比较研究 [D].青岛：青岛大学,2015.

［43］黄文洁.抽象画欣赏对大班幼儿美术创造力的影响研究 [D].上海：上海师范大学,2017.

［44］刘佳.承诺奖励对 6 岁幼儿创造力的影响 [D].长春：东北师范大学,2012.

［45］栗玉波.创造性思维测验（TCI）中文版修订 [D].郑州：郑州大学,2012.

［46］姚逸群.同伴关系和学生创新能力的关系研究——基于知识经验的视角 [D].上海：华东师范大学,2016.

［47］韩琴.课堂互动对学生创造性问题提出能力的影响 [D].武汉：华中师范大学,2008.

［48］滕秋琳.幼儿园民间游戏创意玩法开展的行动研究 [D].重庆：西南大学,2020.

［49］高洁，蔡敏.美国教育评价的元评价及其启示 [J].世界教育信息,2007(06).

［50］甘自恒.中国当代科学家的创造性人格 [J].中国工程科学，2005(05).

［51］唐科莉，张娜.PISA 2021 评估新领域：创造性思维 [J].人民教育，2020(11).

［52］李红艳.影响儿童创造性思维能力的家庭因素分析 [J].现代教育科学，2010(12).

［53］托兰斯，竺波.学龄前儿童创造性的评价 [J].心理发展与教育,1986(01).

［54］霍力岩.论创造型教师 [J].教育科学研究,2001(10).

［55］朱小蔓.关于教师创造性的再认识 [J].中国教育学刊,2001(03).

［56］张武升.创造性思维及其培养方法的探索 [J].人民教育,2004(02).

［57］廖敏，张武升.游戏与幼儿创造力发展 [J].天津市教科院学报,2004(05).

［58］王小英."无为而为"的游戏活动与幼儿创造力的发展 [J].东北师大学报，2006(04).

［59］宋青.自主性音乐活动对促进幼儿创造力发展的研究 [J].上海教育科研,2001(09).

［60］夏瑾 . 论创新心理素质的提高和创新人才的培养 [J]. 武钢大学学报 ,2000(04).

［61］葛明贵 , 韦自胜 , 程斌 . 小学创造心理素质教育的思考 [J]. 中国教育学刊 ,1999(02).

［62］武晓菲 , 郑鹭鸣 , 孙铁 . 创造性思维的遗传基础研究进展 [J]. 杭州师范大学学报 (自然科学版),2022,21(02).

［63］沈汪兵 , 袁媛 . 创造性思维的社会文化基础 [J]. 心理科学进展 ,2015,23(07).

［64］辛涛 . 创造力开发研究的历史演进与未来走向 [J]. 清华大学教育研究 ,2000(01).

［65］刘文明 . 初高中学生创造能力和学习能力同步增长实验报告 [J]. 教育研究 ,1997(03).

［66］张景焕 , 陈泽河 . 开发儿童创造力的实验研究 [J]. 心理学报 ,1996(03).

［67］周兢 . 在创意阅读中培养儿童的自主阅读能力——兼论儿童图画故事书的教育价值 [J]. 幼儿教育 , 2005(03).

［68］黄明燕 , 赵建华 . 项目学习研究综述——基于与学科教学融合的视角 [J]. 远程教育杂志 ,2014,32(02).

［69］郑育敏 . 论游戏与幼儿创造力的培养 [J]. 学前教育研究 ,2003,(10).

［70］林继富 . 从生活智慧到文化传统——中国民间游戏起源研究 [J]. 原生态民族文化学刊 ,2016, 8(02).

［71］王小英 . 幼儿创造力发展的特点及其教育教学对策 [J]. 东北师大学报 ,2005(02).

［72］华爱华 . 活动区材料的投放方式与幼儿行为及发展的关系 [J]. 幼儿教育 ,2008(07).

［73］洪碧宏 . 幼儿主体与教师主导在幼儿区域游戏中的有效融合 [J]. 课程教育研究 ,2019(19).

［74］董奇 . 发散思维测验的发展与简评 [J]. 北京师范大学学报 ,1985(01).

［75］王烨 , 余荣军 , 周晓林 . 创造性研究的有效工具——远距离联想测验 (RAT)[J]. 心理科学进展 , 2005,(06).

［76］周家骥 . 心理测验分类介绍 (六)[J]. 现代特殊教育 ,1996(05).

［77］周林 . 创造力态度测量 (CAS) 的标准化修订 [J]. 心理发展与教育 ,1996(01).

［78］范文翔 , 赵瑞斌 , 张一春 . 美国 STEAM 教育的发展脉络、特点与主要经验 [J]. 比较教育研究 ,2018, 40(06).

［79］徐金雷 , 顾建军 . 从 STEM 的变式透视技术教育价值取向的转变及回归 [J]. 教育研究 ,2017, 38(04).

［80］姜峰 , 王新俊 .《美国竞争法》述评 [J]. 外国中小学教育 ,2009(01).

［81］李学书 , 陈小芳 . 话语·文本·社会效应：美国 STEM 教育政策探析 [J]. 教育理论与实践 , 2018, 38(25).

［82］刘文 , 齐璐 . 幼儿的创造性人格结构研究 [J]. 心理研究 ,2008,1(02).

［83］贾绪计 , 林崇德 . 创造研究：心理学领域的四种取向 [J]. 北京师范大学学报 (社会科学版), 2014(01).

［84］余胜泉 , 胡翔 .STEM 教育理念与跨学科整合模式 [J]. 开放教育研究 ,2015,21(04).

［85］程黎 , 冯超 , 刘玉娟 . 课堂环境与中小学生创造力发展——穆斯 (MOOS) 社会环境理论在课堂环境中的解读 [J]. 比较教育研究 ,2013,35(04).

［86］朱海燕 . 区域活动中的师幼互动 [J]. 教育教学论坛 ,2012（增刊 4）.

［87］王丽丽 . 形成性评价与总结性评价之关系探究 [J]. 现代教育科学 (小学教师),2013(03).

［88］霍力岩 , 黄爽 . 表现性评价内涵及其相关概念辨析 [J]. 西北师大学报 (社会科学版), 2015, 52(03).

[89] 张武升, 王信倍. 培养创新人才是跨世纪中国基础教育的伟大使命——全国中小幼创造教育典型经验专题研讨会综述 [J]. 中国教育学刊,1999(01).

[90] 董惠英. 大学生创造心理培养刍议 [J]. 山西财经大学学报 (高等教育版),2002(02).

[91] DAUGHERTY,WHITE,MANNING.PrivateSpeech and Creativity[J].Contemporary Educational Psychology,1995,20(2).

[92] DAUGHERTY,WHITE.Relationships Among Private Speech and Creativity in Head Start and Low-Socioeconomic Status Preschool Children[J]. Gifted Child Quarterly, 2008, 52(1).

[93] CHENG L, HU W, JIA X, et al. The Different Role of Cognitive Inhibition in Early Versus Late Creative Problem Finding[J]. Psychology of Aesthetics Creativity & the Arts, 2016, 10(1).

[94] CARTWRIGHT,SALLY. Play Can Be the Building Blocks of Learning[J]. Young Children,1988(43).

[95] CHRISTENSON,JAMES. Building Bridges to Understanding in a Preschool Classroom: A Moming in the Block Center[J].Young Children, 2015.

[96] WILLIAMS F E. Assessing Creativity Across Williams' "Cube" Model[J]. Gifted Child Quarterly, 1979, 23(4).

[97] QIAM M, WANG X. Illustration of multilevel explanatory IRT model DIF testing with the creative thinking scale[J].The Journal of Creative Behavior,2020,54(4).

[98] KAUFMAN J C. Counting the Muses: Development of the Kaufman Domains of Creativity Scale (K-DOCS)[J]. Psychology of Aesthetics Creativity & the Arts,2012,6(4).

[99] AMABILE T M. Social psychology of creativity: A consensual assessment technique[J]. Journal of personality and social psychology, 1982, 43(5).

[100] REISS M , RENZULLIJ S . The Assessment of Creative Products in Programs for Gifted and Talented Students[J]. Gifted Child Quarterly, 1991, 35(3).

[101] TORRANCE E P. Torrance tests of creative thinking: Norms-technical manual[M]. Personnel Press, 1966.

[102] GUILFORD J P. Creativity: Yesterday, Today and Tomorrow[J].Blackwell Publishing Ltd, 1967, 1(1).

[103] WALLACH M A , KOGAN N . Modes of Thinking in Young Children[J]. Journal of Nervous & Mental Disease, 1966,142(4).

[104] MEDNICK, S. The associative basis of the creative process.[J]. Psychological Review, 1962, 69(3).

[105] AMABILE T M,COLLINS M A,CONTI R,et al. Creativity in Context: Update to The Social Psychology of Creativity[M]. 2018.